Forex

Comment gagner de l'argent avec Forex

(Guide du débutant pour maîtriser et profiter facilement du trading Forex)

Titre

Forex : Comment Gagner de l'Argent en Trading Forex

TABLE DES MATIÈRES

AVANT-PROPOS

Chapitre un | Introduction

Chapitre deux | Qu'est-ce que le pip

Chapitre Trois | Comment connaître les tendances du marché

Chapitre quatre | Stratégie commerciale

Chapitre cinq | Stratégie de ligne de tendance

Chapitre six | Plan de négociation

Chapitre sept | Conclusion

TABLE DES MATIÈRES

AVANT-PROPOS

Chapitre un

Introduction

Qu'est-ce qui est échangé sur le Forex

Courtier Forex

Heure et session de trading

Terminologies utilisées sur le Forex

Formulaires commerciaux

Paires de devises

Chapitre deux

Qu'est-ce que le pip

Concept de prix acheteur et de prix vendeur

Qu'est-ce que la propagation

Prendre des bénéfices et stopper les pertes

Arrêter la perte

La taille du lot

Effet de levier

Ordre commercial

Chapitre trois

Comment connaître les tendances du marché

Le pouvoir de la moyenne mobile

Types de moyenne mobile

Quand et comment utiliser les moyennes mobiles

Comment déterminer la tendance

AVANT-PROPOS

MERCI d'avoir acheté ce livre. C'est l'un des choix les plus intelligents que vous puissiez faire pour gagner de l'argent en négociant le Forex en ligne. L'objectif est d'effectuer un trading Forex très simple, que même un enfant de 15 ans peut facilement lire et gagner de l'argent sur le marché Forex.

Ce n'est pas un livre sur l'histoire du Forex. C'est un livre qui apprend les détails du trading et comment gagner de l'argent avec le Forex d'une manière simple et étape par étape. Les stratégies enseignées sont simples, percutantes et très efficaces pour vous rendre riche, si vous suivez les principes écrits.

Chaque commerçant qui réussit attribuera son succès à ses bénéfices sur le marché. Ce livre vous donnera l'avantage qui fera de votre rêve de devenir un trader rentable une réalité. Les avantages de ce livre sont bons pour tous les types de commerçants. Cela m'aide également dans le domaine du Forex et je vous garantis que 100% vous aidera également. Je conseille d'agir après lecture. Le simple fait de lire sans action appropriée ne fera pas de vous un meilleur trader. Passer à l'action le fera !

Encore une fois, bienvenue.

Meilleurs vœux.

Chapitre un

Introduction

_____

FOREX EST L'acronyme de FOREIGN EXCHANGE (Foreign Exchange), et c'est l'un des plus grands marchés au monde avec une liquidité quotidienne totale de 5,3 billions de dollars. La Bourse de New York, qui est le deuxième plus grand marché, a un volume de transactions de 169 milliards de dollars, tandis que le marché provisoire de la crypto-monnaie a une capitalisation boursière de 210 milliards de dollars à ce jour ; ce n'est même pas le volume quotidien.

Qu'est-ce qui est échangé sur le Forex

QUELQU'UN DEMANDERA, qu'est-ce qui est échangé sur le marché Forex ? Ce n'est pas une forme de marché où vous achetez des vêtements ou des chaussures. Ce n'est pas ShopRite, KFC ou South African Mall ou les marchés locaux normaux où que vous soyez dans le monde. Il s'agit d'un marché où les participants sont impliqués dans l'achat et la vente de devises.

Courtier Forex

LES COURTIERS FOREX SONT des entreprises qui vous donnent accès au commerce sur le marché Forex, par exemple Hotforex, Fxtm, Fcm, Fbs, Liteforex et autres. On le fera, discuterons encore des intermédiaires en détail dans les chapitres ultérieurs.

Heure et session de négociation

- SÉANCE DE SIDNEY
- SÉANCE DE TOKYO
- SÉANCE DE LONDRES
- SÉANCE DE NEW YORK
- SESSION DE FRANCFORT

NOM DE LA SESSION ABANDONNÉ des principales villes où la plupart des transactions ont lieu. Par exemple, la session de Sydney représente l'Australie et d'autres villes autour de ce fuseau horaire. La session de Tokyo, parfois appelée session asiatique, représente le Japon et plusieurs autres pays asiatiques. La session de Londres représente le Royaume-Uni et ses zones de couverture, tandis que la session de New York représente l'Amérique.

Forex est en fait un marché de 24 heures. Il est considéré comme un marché qui ne dort jamais car il est ouvert 24h/24 sauf le week-end. Ainsi, peu importe où vous vous trouvez, peu importe votre fuseau horaire, vous pouvez vraiment échanger sur cet énorme marché très volatil.

Maintenant, comprenons les heures de trading car chacune de ces sessions a ses propres heures d'ouverture et de fermeture.

SESSION DE SYDNEY OUVERTE À 21H00 GMT

TOKYO SESSION OUVERTE À 23H GMT

SESSION DE LONDRES OUVERTE À 7H00 GMT

SESSION DE FRANCFORT OUVERTE À 8H00 GMT

NEW YORK SESSION OUVERTE À 13H00 GMT

Il convient de noter que ces heures sont indiquées en GMT (Greenwich Meridian Time). Il faut donc faire les bons calculs en fonction du fuseau horaire de votre pays, donc en sachant vous-même dans quelle session vous souhaitez trader. La séance entière a duré 9 heures. Donc, connaissant le temps d'ouverture pour obtenir l'heure de fermeture exacte, il suffit d'ajouter 9 heures au temps d'ouverture pour savoir quand la session se ferme. Par exemple, une Session de Sydney qui s'ouvre à 21h00 GMT se terminera à 6h00 GMT. La session de Tokyo qui s'ouvre à 23h se clôture à 8h GMT, tandis que la session de NEW YORK qui s'ouvre à 13h GMT se clôture à 22h GMT etc.

Maintenant, il y a un point important à noter ici, il est toujours bon de négocier le marché lorsque les marchés sont ouverts en même temps, par exemple lorsque deux des sessions sont ouvertes. Veuillez noter ce point important. En effet, la volatilité est toujours supérieure lorsque deux sessions ou plus sont ouvertes. Sur le marché du Forex, beaucoup de volatilité signifie beaucoup d'argent.

En tant que trader Forex, vous ne voulez pas trader sur un marché calme, car il n'y aura pas beaucoup de fluctuations et de mouvements qui nous rapporteront beaucoup d'argent. Par exemple, à 12h00 GMT, la session de Sydney et la session de Tokyo seront ouvertes en même temps et auront beaucoup plus de volatilité que quelqu'un qui négocie à 21h00 GMT car le marché sera calme.

Un autre exemple est qu'à 8 heures GMT, la session de Londres et la session de Francfort seront ouvertes, même en fait, la session de Tokyo sera avec elle pendant un certain temps, vous remarquerez donc que la volatilité augmentera à ces moments-là. Donc, en tant que trader Forex, chronométrez toujours vos transactions entre les périodes où deux ou plusieurs marchés sont ouverts en même temps. Ce faisant, vous aurez toujours un avantage sur le marché.

Terminologies utilisées sur le Forex

CHAQUE DOMAINE D'AFFAIRES DANS la vie a sa terminologie, ainsi que dans le domaine du Forex. Vous devrez apprendre la terminologie pour pouvoir communiquer avec le marché, les analystes et également avec les autres traders. Vous pouvez être au milieu des traders Forex mais vous ne comprendrez pas un centime de ce qu'ils disent si vous ne connaissez pas la terminologie. C'est donc ce que nous allons étudier dans cette section.

ALLER LONG : Cela signifie ACHETER. Si un commerçant vous dit qu'il détient une paire de devises (a pris une position longue sur une paire de devises), ce qui signifie qu'il l'a achetée.

ALLER À COURT : Cela signifie VENDRE. S'ils disent qu'ils sont à court d'une paire de devises, cela signifie qu'ils la vendent.

MARCHÉ BULLISH : cela signifie qu'un marché va monter. Quand quelqu'un dit qu'une paire de devises ou un marché de matières premières est haussier, il vous dit que le marché est en hausse.

MARCHÉ BAISSIER : Cela signifie que le marché est en baisse.

BULLS : Cela fait référence aux acheteurs.

OURS : Il s'agit du vendeur.

RANGING : Un marché est dit espacé s'il n'a pas de direction précise. Ni monter ni descendre.

TENDANCE : Il s'agit d'un marché qui a une direction, soit vers le haut ou vers le bas. Ainsi, lorsque vous entendez des gens dire que le marché est à la hausse ou que le marché est à la baisse, ils disent simplement que le marché est à la hausse ou à la baisse. De plus, lorsque les commerçants vous disent que le marché est éloigné, ils vous disent indirectement que le marché n'a pas encore trouvé sa voie.

HAWKISH : Cette terminologie est souvent utilisée pour désigner le gouverneur de la Banque centrale ou le personnel d'un pays. Lorsqu'ils disent bellicistes[1], ils ont tendance à être libres sur les taux d'intérêt et sont prêts à les augmenter. C'est une bonne nouvelle pour les investisseurs.

DOVISH : Dovish[2] est opposé à hawkish. Les finances personnelles d'une personne dovish sont limitées. Vous ne voulez pas ruiner le taux d'intérêt. Même envie de le réduire. C'est une mauvaise nouvelle pour les investisseurs.

NFP : est l'acronyme de NON-FARM PAYROLL. Le NFP est un événement important sur l'emploi aux États-Unis.

De plus, la plupart des paires de devises ont des noms spécifiques à partir desquels elles sont appelées.

Le dollar américain (USD) s'appelle le billet vert

La livre sterling (GBP) s'appelle Cable

Le dollar néo-zélandais (NZD) s'appelle le Kiwi

Le dollar australien (AUD) s'appelle l'Aussie.

La monnaie japonaise (JPY) s'appelle le Yen.

Formulaires commerciaux

IL EXISTE GÉNÉRALEMENT DEUX formes de trading sur le Forex

- ANALYSE FONDAMENTALE
- ANALYSE TECHNIQUE

Commençons par le premier.

ANALYSE FONDAMENTALE

Cette analyse fondamentale est également connue sous le nom de News Trading. Ici, vous analysez le marché du Forex par rapport à l'actualité ou aux données macroéconomiques d'un pays. Il a été dit que ce sont les nouvelles qui font bouger le marché. Diverses nouvelles quotidiennes publiées par les principaux pays affectent à la fois positivement et négativement l'implication des paires de devises, puis prennent des décisions commerciales en fonction des nouvelles publiées. Nous voyons toutes ces nouvelles sur CNN, Bloomberg, CNBC, etc. Votre MT4 a un résumé de la section des nouvelles. Aussi certains sites comme forexfactory.com, dailyfx.com etc vous donnent un résumé de cette actualité.

Maintenant, les nouvelles positives ou négatives ne vous concernent pas en tant que trader Forex, car vous gagnez de l'argent dans les deux situations. Si une paire de devises est valorisée, nous l'achetons. Lorsqu'une devise n'est pas valorisée dans l'actualité, nous la vendons Comme la plupart des traders le font tous les jours, ils achètent et vendent plusieurs paires de devises, donc sur le Forex, vous gagnez de l'argent des deux côtés de l'actualité.

Jetons un coup d'œil aux nouvelles les plus importantes publiées par les États-Unis appelées Non-Farm Payroll (NFP). Bien qu'il y ait des nouvelles publiées tous les jours, NFP est ce que les commerçants appellent le roi de toutes les nouvelles.

Parmi toutes les nouvelles publiées par les États-Unis, c'est la plus élevée car elle provoque le plus de volatilité sur le marché. Par volatilité, nous entendons faire fluctuer le marché et se déplacer le plus rapidement dans une certaine direction. Par exemple, lorsque le rendement NFP est publié, une paire de devises qui peut se déplacer de 100pépins en 5 minutes.

COMPRENDRE LA PAIE NON AGRICOLE

Le NFP contient une variété de données et de statistiques publiées par le Bureau of Labor and Statistics des États-Unis. Les données et les statistiques sont très influentes en tant qu'indicateurs de l'économie américaine car la Réserve fédérale américaine prend des décisions de politique monétaire sur la base de ces données. Par conséquent, les investisseurs, les analystes financiers, les traders Forex, les traders boursiers prennent des décisions commerciales avec les nouvelles. Les nouvelles sont publiées le premier vendredi de chaque mois à 8h30 HNE, soit 12h30 GMT. Calculez simplement en fonction de votre fuseau horaire.

Les données publiées comprennent :

1). Augmentation de la masse salariale non agricole : il s'agit du nombre de nouveaux emplois ajoutés à la main-d'œuvre américaine au cours du dernier mois. Ces données incluent l'emploi dans le secteur manufacturier, le secteur de la construction, le secteur des biens, etc. à l'exclusion des travailleurs agricoles (à cause du nom), des employés de maison privés et des organisations à but non lucratif. Habituellement comparé aux données précédentes.

2) Taux de chômage aux États-Unis

3) Quels secteurs économiques viennent s'ajouter aux emplois ? Cela offre aux investisseurs et aux commerçants des secteurs possibles dans lesquels investir, car les secteurs qui créent plus d'emplois sont plus susceptibles de connaître une croissance.

4) Rémunération horaire moyenne des travailleurs aux États-Unis : C'est aussi un indicateur économique car même si le nombre de travailleurs ne change pas, mais que leurs revenus augmentent, cela aura le même effet que si le nombre de travailleurs augmentait. La même chose peut

également être interprétée à l'envers, si leurs revenus sont réduits.

5.) Amélioration de la masse salariale non agricole précédente.

Parce que les investisseurs comparent les valeurs entre elles pour voir s'il y a eu une augmentation ou une diminution. Cela vous donne également une idée de la croissance ou du déclin de l'économie.

Après avoir compris cela, comment interprétons-nous

Nouvelles du PFN ?

INTERPRÉTATION PFN

Lorsque plus d'emplois sont ajoutés, cela signifie que les entreprises commerciales se développent, que de nouveaux travailleurs seront payés, donc plus de gens dépenseront de l'argent pour des biens et des services augmentant la croissance économique. Cependant, lorsque le nombre d'emplois ajoutés diminue, l'inverse se produit, les gens n'auront plus d'argent à dépenser en biens et services, ce qui réduira l'économie.

Le gouvernement américain a également une certaine somme d'argent qui doit être versée aux chômeurs. Lorsque plus d'emplois seront ajoutés, plus de personnes seront embauchées. Cette réduction du taux de chômage, lorsqu'il y a moins de chômeurs, moins d'argent sort de la bourse du gouvernement, ce qui stimule l'économie. Ce ne sont donc que les détails dont les PFN ont besoin et c'est pourquoi il est si facile d'être effrayé.

ANALYSE TECHNIQUE

Une forme de trading d'analyse technique consiste à analyser le marché à l'aide d'indicateurs, de modèles de graphiques, de chandeliers, de Fibonacci, de support et de résistance, de points pivots, de vagues d'Elliot (vagues d'Elliot) et autres.

Lorsque vous utilisez l'un des éléments ci-dessus pour analyser le marché, cela s'appelle l'analyse technique. C'est la forme de trading la plus populaire car les nouvelles très volatiles comme le NFP ne seront pas publiées tous les jours, vous devez donc apprendre à analyser le marché et à trader en l'absence de communiqués de presse majeurs. C'est ce qui fait de vous un trader Forex parfait. Entre les deux principales formes d'analyse, aucune n'est supérieure à l'autre ni n'est utilisée séparément. Ensuite, vous devrez apprendre à harmoniser les deux formes de trading pour devenir un meilleur trader.

Paires de devises.

POUR CETTE SECTION, VOUS devrez ouvrir votre MT4 et cliquer sur Market Watch.

Sur Market Watch, vous verrez une variété de paires de devises s'afficher

VOICI QUELQUES listes de devises populaires négociées sur le marché Forex et leurs abréviations.

EUR.....EURO

USD.... DOLLARS AMÉRICAINS

GBP.... POUND STERLING ROYAUME-UNI

CHF...... SUISSE FRANCE

NZD.... DOLLARS NÉO-ZÉLANDAIS

AUD..... DOLLARS AUSTRALIENS

CAD.... DOLLAR CANADIEN

JPY.... YEN JAPONAIS et autres

Les devises sont écrites par paires comme vous pouvez le voir ci-dessus. Parmi ces paires de devises, la première paire de devises est appelée LA DEVISE DE BASE tandis que la deuxième devise de la paire est appelée DEVISE DE CITATION. Veuillez garder à l'esprit que la meilleure devise est toujours plus forte que la devise de cotation à quelques exceptions près et nous verrons bientôt pourquoi.

Prenons l'EURUSD comme exemple, qui est la première paire de devises dans l'image ci-dessus. L'EURO est plus fort que le Dollar américain ; par conséquent, l'EURO est la base tandis que l'USD est la citation.

Un autre exemple est USDJPY, la deuxième paire. Dans le deuxième exemple, le dollar américain est la base tandis que le yen japonais est la devise de cotation ou de contrepartie.

D'ailleurs, à côté de chacune de ces paires, vous verrez plusieurs ensembles de nombres écrits à côté, pour l'instant, concentrez-vous sur le premier numéro.

PAR exemple, IN EURUSD ci-dessus montre EURUSD.... 1.12454

Le nombre vous indique le nombre d'unités de devise de cotation dont vous aurez besoin pour obtenir 1 unité de devise de base.

Permettez-moi d'utiliser un scénario local pour vous donner un exemple.

Si vous avez une paire de devises entre USD et ZAR qui est USD/ZAR......12

La première chose à vous dire que l'USD est plus fort que le rand nord-africain ; par conséquent, USD est la base et le rand nord-africain est la cotation.

La prochaine chose la plus importante est de vous dire combien de devise de cotation vous avez besoin pour obtenir 1 unité de devise de base. Donc, dans ce cas, vous aurez besoin de 12 rands nord-africains pour pouvoir obtenir 1 dollar américain. C'est le numéro sur le côté qui vous le dit toujours. Je le crois clairement.

Permettez-moi de vous donner un autre exemple sur le graphique pour le rendre plus clair.

REGARDONS L'USD/JPY dans l'image ci-dessus, qui est actuellement à 111.913. Cela signifie que vous aurez 111 913 yens japonais pour gagner 1 dollar américain.

Comme je l'ai dit, Base est toujours plus fort que Quote. Il y a des moments où le plus fort est écrit comme deuxième paire. Les exemples incluent AUDUSD, le dollar américain est plus fort que le dollar australien. Livre sterling EURGBP, plus fort que l'euro. Franc suisse, USDCHF plus fort que USD

 Maintenant, lorsque vous regardez certaines de ces exceptions, ne vous souciez pas trop de savoir pourquoi les faibles sont répertoriés en premier, même s'il est un peu flagrant que les citations soient plus fortes. Ce que vous devez faire, c'est prendre des notes. Cela n'affecte pas votre trading. C'est juste pour la connaissance, alors prenez des notes. Généralement sur le Forex, Base est toujours plus fort que Quote. Cependant, peu importe celle qui est écrite en premier, sachez toujours que le prix que vous voyez à côté correspond à la quantité de devise de cotation, vous devrez obtenir 1 unité de devise de base.

La grande question est maintenant de savoir quand allez-vous acheter et quand vendez-vous ?

Maintenant, c'est là que les gens sont toujours confus.

VOUS ACHETEZ QUAND VOUS SAVEZ QUE LE MARCHÉ MONTE alors que VOUS VENDEZ QUAND VOUS SAVEZ QUE LE MARCHÉ BAISSERA.

Si vous remarquez, j'ai soigneusement étiqueté WILL. Je ne dis pas que vous achetez lorsque le marché est en hausse. En supposant que je le dise, j'aurais toujours raison, mais vous seriez plus confus. Vous commencerez à vous demander qui achète des trucs pendant qu'ils sont en place ? Permettez-moi d'utiliser cette analogie pour expliquer ce que je veux dire.

Pour ceux qui lisent ce livre et qui ne sont pas originaires d'Afrique du Nord, j'utiliserai deux noms dans cette brève analogie.

Nom 1 : Jacob Zume (Il était l'ancien président de l'Afrique du Nord)

Nom 2 : Cyril Ramaphosa (Président actuel au moment de la rédaction)

Maintenant, passons à l'analogie pour comprendre en langage profane comment fonctionne réellement le Forex. Lorsque Zuma était au pouvoir, le dollar était à l'époque autour de 12 ZAR à 13 ZAR pour le dollar. Prenons la moyenne et disons 13 ZAR. (juste une hypothèse)

Lorsque Cyril est devenu président, dans certains cas, le dollar a clôturé à 14 ZAR pour 1 dollar. En supposant que vous savez que le dollar sera évalué en ZAR et que vous avez 1 million de ZAR sur votre compte bancaire, vous savez de votre expérience en tant que trader Forex que l'incertitude de la politique gouvernementale affaiblit la paire de devises et vous utilisez 1 million de ZAR pour acheter des dollars et garder eux. Vous obtiendrez environ 76 923 $.

Maintenant, 1 an plus tard, le dollar est passé à 20 ZAR par dollar, et vous allez à la banque pour retirer vos 76 923 $ et les échanger contre Rand. Maintenant, vous gagnerez 1 538 461 Rand. Cela signifie que vous avez réalisé un bénéfice de 538 461 ZAR. Demandez-vous maintenant, avez-vous utilisé 1 million de ZAR pour faire d'autres affaires ? La réponse est non! Vous ne faites pratiquement rien. Ce qui se passe là-bas, c'est le Forex. Vous êtes soumis aux fluctuations du prix du dollar pour que Rand gagne de l'argent pour vous sans rien faire. Vous êtes simplement assis à la maison pendant que le marché des changes travaille pour vous. C'est essentiellement ce que nous faisons sur le Forex. Ce n'est pas un marché normal chez KFC ou Shoprite où vous achetez et vendez des choses.

Ce n'est qu'une analogie, car sur le marché du Forex, c'est encore plus intéressant. Vous n'avez pas à attendre un an ou des mois pour gagner de l'argent. Cette devise fluctue constamment en quelques minutes (ce que j'appelle habituellement la volatilité), donc ces opportunités sont dues à ses fluctuations du prix d'une devise, par rapport à l'autre devise que les traders forex en tirent, car cela se produit tous les jours.

Ainsi, dans l'analogie ci-dessus, vous pouvez voir que vous n'achetez ni ne vendez réellement de produit réel pour gagner de l'argent. Vous profitez de l'évolution des taux de change pour gagner de l'argent. Alors pourquoi avez-vous acheté USD/ZAR ? Dans le scénario au-dessus vous achetez USDZAR car vous savez à l'avance que sa valeur va monter.

Remarquez le mot volonté.

Donc, en résumé, nous avons vu que nous achetons lorsque nous savons qu'une paire de devises est en hausse et que nous vendons lorsque nous savons qu'une paire de devises est en baisse.

La grande question est de savoir comment savoir quand ça va monter et quand ça va baisser ?

L'analyse technique vous le dira.

Chapitre deux

Qu'est-ce que le pip

Le PIP est la pierre angulaire de tout ce que nous ferons sur le Forex. La devise est estimée en pips. Les demandes du marché sont placées en pips. Le profit est calculé en pips. Tout ce que nous faisons pratiquement placé sur le Forex implique des pips.

Un pip est la plus petite unité dans laquelle une paire de devises peut changer. On peut également dire qu'il s'agit de l'unité standard et du plus petit montant à partir duquel une paire de devises sur le marché Forex peut changer. Comme avec CELL

Forex, même si vous allez plus loin, vous apprendrez qu'il existe des versions plus petites appelées micro pips.

 Pour la plupart des paires de devises sur le Forex, nous commençons à calculer les pips à partir de la dernière décimale. Cependant il y a quelques exceptions. Certains courtiers utilisent des nombres décimaux à 4 chiffres tandis que d'autres utilisent des nombres décimaux à 5 chiffres. Dans ce livre, j'utilise MT4 décimal à 5 chiffres pour notre exemple.

 Dans le MT4 décimal à 4 chiffres, 10 pips équivaut à 100 pips dans le MT4 décimal à 5 chiffres. Puis en MT4 décimal 5chiffres, lorsque vous voyez 100 pips, équivaut à 10 pips sur un MT4 décimal à 4 chiffres. Veuillez garder cela à l'esprit.

 Encore une fois pour souligner, sur MT4 décimal à 5 chiffres, 150 pips équivaut à 15 pips sur MT4 décimal à 4 chiffres. Ce pip est calculé à partir de la décimale à 4 chiffres MT4, et à partir de la 4ème décimale dans la décimale à 5 chiffres MT4.

SUR EURUSD DANS L'IMAGE ci-dessus, vous commencez à calculer les pips à partir du 4ème chiffre décimal qui est "5" (rappelez-vous, 10 pips sur MT4 décimal à 5 chiffres est 1 pip sur MT4 décimal à 4 chiffres).

Donc, si l'EURUSD est actuellement à 1,12454, il effectue un mouvement de 10 pips. Il s'agit de la nouvelle valeur qui sera 1,12464.

Alors, comment puis-je obtenir 1,12464 ?

J'ai ajouté 10 au 4ème nombre décimal et il est passé de "5" à "6"

Prenons un autre exemple.

Jetons un coup d'œil au GBPUSD (c'est-à-dire la livre sterling contre le dollar américain), qui est actuellement à un prix de marché de 1,30019 dans l'image ci-dessus.

Maintenant, si GBPUSD effectue un mouvement de 20 pips (2 pips dans MT4 décimal 4) de la valeur de la devise. La nouvelle valeur sera à 1,30039.

Maintenant, comment obtenons-nous 1,30039 ?

Nous ajoutons "20" au 4ème nombre décimal qui est "1" et augmentons à "3"

Faisons un autre exemple avant de passer aux calculs principaux.

Jetons un coup d'œil à l'EURGBP, qui est au prix actuel du marché de 0,86449 dans l'image ci-dessus. Si l'EURGBP effectue un mouvement de 50 pips (5 pips en 4 décimales MT4), la nouvelle valeur marchande sera à 0,86499.

Comment l'obtenons-nous ?

Encore une fois, nous ajoutons "50" au 4ème nombre décimal est "4" et nous obtenons "9". La nouvelle valeur est donc 0,86499.

Maintenant c'est juste un raccourci, allons-y calculs réels.

Le pip pour les unités à 4 décimales est en fait de 0,0001, tandis que pour les unités à 5 décimales, il est de 0,00001. Nous allons donc utiliser cette deuxième mais longue méthode et effectuer les 3 calculs que nous avons faits en plus.

Par exemple EURUSD se déplaçant de 10 pips.

Le calcul réel est 0,0001 x 10 = 0,0001

Par conséquent, vous ajoutez 0,0001 à la valeur d'origine de 1,12454

Ensuite nous avons

1,12354 + 0,0001 = 1,12455

Vous voyez que cette méthode semble beaucoup plus longue, même si c'est la vraie façon de faire. Nous obtenons toujours la même réponse.

Dans la première méthode, nous ajoutons 10 au 4e nombre décimal de 1,12354 et nous obtenons 1,12455.

Regardons le deuxième exemple où GBPUSD se déplace de 20 pips (2 pips).

Dans la méthode précédente, nous obtenions 1,30039 en ajoutant simplement 20 à la 4e décimale de 1,30019.

Regardons la méthode longue.

Le marché passe de 20 pips.

Rappelez-vous ce que je vous ai dit : 1 pip pour une paire de devises à 5 décimales est 0,00001. Donc, pour GBPUSD avec 20 pips, j'obtiendrai

0,00001 x 20 = 0,0002

Je vais maintenant ajouter 0,0002 à la valeur d'origine de 1,30019.

Maintenant nous aurons

1,30019 + 0,0002 = 1,30039.

C'est la même réponse que ci-dessus.

Montons un peu plus haut.

Supposons que le GBPUSD passe de 10 pips à partir de 1,30019, comme d'habitude, nous ajoutons 10 à la 4ème décimale et nous aurons notre nouvelle valeur comme

1.30019 >>>> 1.30029.

Reprenons maintenant la méthode longue.

Rappelez-vous que 1 pip = 0,00001

Alors 10 pips seront

0,00001 x 10 = 0,0001 (notez que zéro est soustrait)

Donc, pour obtenir la nouvelle valeur de GBPUSD, nous avons

0,0001 + 1,30019 = 1,30029. Même réponse que ci-dessus.

Rappelez-vous que j'ai dit que pour la plupart des paires de devises sur le Forex, les calculs de pip commencent à partir de la 4ème décimale. Aujourd'hui, il existe plusieurs paires de devises qui ne respectent pas la 4e décimale, dont certaines ont des façons spécifiques de les calculer.

Des exemples des paires ci-dessus sont des paires JPY telles que USDJPY, EURJPY, GBPJPY, AUDJPY, NZDJPY et autres. Un autre exemple populaire est l'or par exemple XAUUSD

Commençons par la paire JPY,

Pour les paires JPY telles que USDJPY, le calcul du pip commence à partir du deuxième ou du 3ème chiffre selon l'option que vous utilisez.

Prenons quelques exemples,

À PARTIR de USDJPY, actuellement à 109 289.

De sa valeur, si elle se déplace de 20 pips. La nouvelle valeur sera à 109 309

Comment l'obtenons-nous ?

Nous ajoutons "20" à 289, c'est ainsi que nous obtenons 109 309.

PASSONS À LA MÉTHODE LONGUE

Pour la méthode longue, vous devez noter que pour la paire JPY, 1 pip = 0,001. Il n'est plus 0,00001, comme nous l'avons vu pour d'autres paires communes.

De l'exemple ci-dessus, car il se déplace de 20 pips.

Nous avons

0,001 x 20 = 0,02

En ajoutant 0,02 à un nombre naturel, cette fois Devient

109,289 + 0,02 = 109,309

Même réponse que ci-dessus.

Allons un peu plus haut,

Supposons que l'USDJPY passe de 10 pips à sa valeur de 109 289.

La nouvelle valeur en ajoutant simplement 10 au 2e nombre décimal sera 109 299.

Utilisation de la méthode longue.

Pour les paires JPY 1 pip = 0,001

D'où 0,001 x 10 = 0,01

Ajoutez 0,01 à la valeur d'origine maintenant nous avons

109,289 + 0,01 = 109,299

La réponse est la même.

Passons à la dernière exception, qui est l'or. L'or est représenté par XAUUSD

DE LA PAIRE D'OR que j'ai étiquetée , le prix est actuellement à 1709,71

S'il passe de 20 pips, la nouvelle valeur sera 1709,91

Comment pouvons-nous obtenir cela?

Habituellement, en utilisant la méthode du raccourci, nous ajoutons "20" au premier nombre décimal, à savoir le nombre "7"

Passons à la méthode longue mais précise,

Pour l'or, déplacer 1 pip = 0,01

Par conséquent, pour un mouvement de 20 pips, nous avons

0,01 x 2 = 0,2

Ajout de 0,2 à la valeur d'origine de 1709,71

Nous avons

0,2 + 1709,71= 1709,91

Vous pourriez demander, pourquoi nous torturons-nous avec tous ces ajouts décimaux à l'école primaire ? Vous en aurez besoin lorsque nous commencerons à tirer profit de vos transactions, en fixant des arrêts, etc. Alors étudiez et apprenez dedans pour que quand nous y arriverons, vous ne sera confus. Les calculs de pip sont la pierre angulaire d'une grande partie de ce que nous ferons sur le Forex.

Concept de prix acheteur et de prix vendeur

POURQUOI Y A-T-IL DEUX PRIX à côté de chaque devis ?

Maintenant, comprenons-le.

Le prix acheteur est le prix que les acheteurs sont prêts à acheter tandis que le prix vendeur est le prix que les vendeurs sont prêts à vendre.

Disons que vous recevez 10 000 $ d'un ami à l'étranger et que vous allez à la banque pour l'échanger. Ensuite, la banque vous dit que le dernier taux de change est de 50 rands pour 1 $ (juste une hypothèse), puis elle vous donnera 500 000 rands, ce qui équivaut à 10 000 $.

Disons que le lendemain, vous êtes entré dans la même banque pour demander le même montant de 10 000 $, puis la banque vous dit maintenant que son taux de change est de 70 Rand pour 1 $. Alors maintenant, vous devez payer 700 000 rands pour les mêmes 10 000 $. Dans cette situation, ce 50 Rand est le prix de l'offre, tandis que 70 Rand est le prix de la demande. C'est ainsi que les banques gagnent de l'argent. Ils réalisent un bénéfice de 200 000 rands sur vous dans les 24 heures.

Sur le Forex, les prix Bid et Ask fonctionnent de la même manière, mais pas autant que les banques nous exploitent. La différence entre les deux dans le Forex est le point. Ainsi, le prix acheteur est le prix que les acheteurs sont prêts à acheter tandis que le prix vendeur est le prix que les vendeurs sont prêts à vendre. Les acheteurs et les vendeurs ici ne sont pas humains ; mais le marché.

Ainsi, la signification de ce qui précède est que lorsque vous placez un ORDRE D'ACHAT sur le Forex, cela vous permettra d'utiliser le prix Ask (rappelez-vous que le prix Ask est le prix auquel l'acheteur veut vous le vendre, c'est-à-dire l'acheteur) tandis que le contraire c'est quand en plaçant un ORDRE DE VENTE, il vous activera en utilisant le prix BID. (Rappelez-vous que le prix BID est le prix que l'acheteur est prêt à vous acheter, l'acheteur).

Faisons le lien avec l'exemple des banques ci-dessus.

Dans l'exemple que j'ai donné ci-dessus, lorsque vous apportez vos 10 000 $ à la banque, vous êtes le vendeur à ce moment-là tandis que la banque est l'acheteur. Alors ils vous donnent un prix d'enchère de 50 rands, parce que c'est le prix qu'ils veulent acheter. Alors que l'inverse lorsque vous revenez le lendemain, vous êtes désormais acheteur (et non plus vendeur). Dans ce cas, la banque est le vendeur.

Ils vous donnent donc des dollars au prix Ask, qui est le prix que le vendeur est prêt à vendre (rappelez-vous qu'ils sont les vendeurs maintenant). Rappelez-vous de l'exemple que j'ai donné ci-dessus, 70 Rand est le prix Ask et il est plus grand que le prix Bid précédent de 50 Rand. Ainsi également sur le Forex, le prix Ask est également supérieur au prix Bid, comme nous l'avons vu dans l'exemple ci-dessus, EURUSD 1.12354 1.12468

Qu'est-ce que la propagation

LE SPREAD EST LA DIFFERENCE ENTRE LES PRIX DE L'OFFRE ET DE LA DEMANDE. Dans l'exemple que j'ai donné ci-dessus, la distribution est (70 - 50) Rand = 20 Rand. C'est l'avantage de la banque. Le spread est l'avantage du courtier ; cependant dans ce cas, il est très petit car il est mesuré en pips.

Variété de spreads entre les sessions de trading. Lorsque la volatilité est élevée et que la plupart des marchés sont ouverts en même temps, l'écart est toujours faible, c'est-à-dire qu'un autre avantage est lorsque la plupart des marchés sont ouverts. Cependant, ce n'est que lorsqu'un marché est ouvert ou que la volatilité est faible que l'écart est toujours plus important. Ceci est différent de lorsqu'il y a un événement d'actualité important ou volatil qui se propage toujours.

Prendre des bénéfices et stopper les pertes

TAKE PROFIT et Stop Loss sont des formes de demande du marché.

Commençons par TAKE PROFIT

En tant que commerçant, vous n'êtes pas toujours en ligne pour surveiller tous vos échanges. Cela ne signifie pas que les traders Forex obtiennent simplement une chaise et s'assoient devant un ordinateur portable tous les jours. Certaines de vos transactions peuvent durer plus d'une nuit ; certains peuvent durer jusqu'à 2 jours, et vous pouvez aller à un rendez-vous ou aller à l'église, vous pouvez regarder la Ligue des champions, vous pouvez aller à une fête que votre ami organise, vous pouvez même aller travailler comme commis. Vous pouvez donc avoir plusieurs pièces jointes, c'est-à-dire des endroits où la demande du marché entre en jeu.

 Take Profit est une forme d'ordre au marché qui indique à votre courtier de fermer votre transaction et de la verrouiller à votre profit lorsque votre transaction se déplace d'un certain nombre de pips dans la direction souhaitée, même si vous n'êtes pas en ligne. N'oubliez pas que sur le Forex, nous faisons toujours deux choses ; Acheter et vendre. Prenons un scénario lorsque nous achetons et donnons un exemple.

 Disons que vous entrez dans une transaction EURUSD qui est maintenant à 1,12454. D'après votre analyse technique et fondamentale, vous savez qu'elle augmentera bientôt. Ensuite, vous ouvrez immédiatement votre MT4 et cliquez sur ACHETER. Et votre bénéfice cible pour ce commerce particulier n'est que de 500 pips, c'est-à-dire 50 pips en MT4 décimal à 4 chiffres. Pour que vous fixiez un objectif de profit à 500 pips, vous l'ajouterez au prix que vous avez entré, qui est de 1,12454. Ensuite, votre TP sera de 1,12954.

Ainsi, chaque fois que l'EURUSD commence à augmenter et atteint 1,12954, même si vous n'êtes pas en ligne, votre courtier clôturera automatiquement la transaction pour vous en utilisant votre MT4 et ajoutera immédiatement un bénéfice de 50 $ à votre compte. C'est ainsi que fonctionne TP. Une fois que vous l'avez défini à un certain prix sur votre MT4, que vous soyez en ligne ou hors ligne. Fermeture du courtier tradez pour vous et immobilisez vos profits.

Ouvrons maintenant votre MT4, pour voir où est placé notre TP afin que nous puissions également voir des exemples pratiques d'utilisation de paires réelles (devise).

Ouvrez MT4 et cliquez sur Nouvelle commande comme indiqué ci-dessous.

LORSQUE VOUS CLIQUEZ SUR Nouvelle commande, l'image apparaît.

La case à droite étiquetée avec la flèche rouge est l'espace pour saisir votre TP, tandis que la flèche verte pointe vers l'endroit où placer le Stop loss que nous verrons ensuite.

Après avoir vu où insérer le Take Profit, faisons maintenant quelques exemples pratiques sur la façon de le calculer.

VOYONS QUELQUES exemples.

Par exemple, nous prendrons USD/CHF au prix Ask 1.01384.

Disons que je veux acheter la paire et que je veux un profit de 500 pips (50 pips en MT4 décimal à 4 chiffres).

Pour que j'obtienne un TP de 500 pips du commerce, j'ai besoin que l'USD/CHF augmente à 1,01884. (par exemple 1,01384 + 500 pips).

Par conséquent, je vais aller dans la case TP et taper 1.01884.

Lorsque l'USD/CHEF monte à 1,01884, le courtier clôturera automatiquement la transaction et ajoutera le profit à votre compte.

N'oubliez pas que lors de l'achat, nous faisons référence au prix Ask et non au prix

Bid. C'est pourquoi nous fait référence à 1,01384 au lieu de 1,01350 (l'autre prix à gauche est le prix Bid).

 Ainsi, lorsque l'USD/CHF monte et atteint 1,018884 (mouvement de 500 pips), votre courtier fermera l'ordre et conservera les bénéfices de votre compte de trading.

 Passons ensuite au scénario VENDRE

 En achetant une paire de devises sur le marché Forex, vous vendez après avoir découvert grâce à l'analyse technique et fondamentale que le prix va baisser. J'espère qu'on s'en souviendra. Ainsi, lorsque le prix baisse, vous gagnez de l'argent. C'est le contraire d'acheter.

 Voyons maintenant un exemple pratique.

_____

DIRE APRÈS l'analyse, nous constatons que l'EURGBP est en baisse. Nous avons donc décidé de (vendre) la paire EURGBP. N'oubliez pas que nous sommes intéressés par le prix de l'offre car nous vendons, et le prix de l'offre est actuellement à 0,86449 dans l'image ci-dessus et je veux un TP de 600 pips.

Quelle sera la valeur de mon TP ?

Veuillez noter que puisque nous nous attendons à ce qu'il tombe, notre TP sera soit en dessous, soit au-dessus.

Puis en soustrayant 600 pips de 0,086449, nous avons 0,85849

Par conséquent, vous entrerez 0,85949 dans la même case TP que nous avons utilisée lors de l'achat.

(La même boîte TP est utilisée à la fois lorsque vous achetez ou vendez)

Ainsi, lorsque l'EURGBP chute et atteint 0,85849, le courtier fermera automatiquement et ajoutera des bénéfices à votre capital de négociation.

Voyons un autre exemple,

Disons qu'après mon analyse, l'USD s'affaiblit à cause de mauvaises nouvelles et je veux (vendre) USDJPY, et je veux seulement TP 400 pips du prix de l'offre de la devise 111 913.

Avis : prix de l'offre, car nous vendons.

Quel sera mon TP ?

Je vais juste soustraire 400 pips du prix de l'offre de la devise et j'obtiendrai 111 513. Par conséquent, je vais entrer 111 513 dans la case TP.

Ensuite, lorsque le prix l'atteindra, le courtier fermera la transaction et mon profit sera automatiquement ajouté à mon compte.

En résumé, nous avons vu que lors de l'achat de TP au-dessus du prix actuel de la devise, lorsque l'ordre est ouvert tout en vendant notre TP en dessous du prix actuel, l'ordre est ouvert.

Arrêter la perte

STOP LOSS est une autre forme importante d'ordre de marché, qui est à l'opposé de l'ordre Take Profit que nous avons vu plus tôt. Ici, vous donnez à votre courtier une instruction pour clôturer votre transaction lorsque le marché veut aller contre vous. Le marché montera et descendra toujours et parfois des nouvelles peuvent apparaître et affecter le marché dans une direction différente de celle prévue, mais avec un ordre Stop-loss, dès que le commerce veut aller contre vous, votre courtier fermera le commerce pour vous via votre MT4, même si vous n'êtes pas en ligne.

Voyons maintenant quelques exemples réels ci-dessous.

Disons que je veux acheter USDJPY au prix Ask actuel de 111 913, et je veux un TP de 400 pips et je ne veux pas perdre plus de 50 pips. Quels seront mes TP et SL ?

Mon TP sera à 112 313 (par exemple après avoir ajouté 400 pips au prix actuel)

De plus, mon SL sera à 111 863 (après soustraction de 50 pips du prix actuel)

Maintenant, je vais taper chacune des deux valeurs dans les cases TP et SL.

Prenons un autre exemple.

Disons que nous voulons acheter USDCAD et que nous voulons 500 pips de TP et 100 pips de SL à partir du prix Ask de 1,33743. Le TP sera à 1,34243 (par exemple après avoir ajouté 500 pips au prix Ask actuel) tandis que le SL sera à 1,34243 après soustraction de 100 pips au prix Ask.

Maintenant, vous allez dans la case TP à 1,34243 et dans la case SL à gauche et tapez 1,33643, puis cliquez sur le bouton d'achat (ACHETER). Lorsque le prix essaie de baisser plutôt que de monter et descendre à 1,33643, MT4 clôturera automatiquement votre transaction pour vous, même si vous n'êtes pas en ligne.

Voyons maintenant comment calculer le stop-loss dans le scénario opposé, c'est-à-dire la vente. N'oubliez pas que dans les ventes, vous ne gagnez de l'argent que lorsque le prix baisse, comme nous l'avons vu précédemment. Alors disons que je veux vendre la paire de devises XX/YZ et que le prix est actuellement à 90 $ et que vous voulez un TP de 50 pips.

Rappelez-vous ici que vous vendez, donc votre TP est toujours en dessous, donc vous le fixez à 40 $ (c'est-à-dire 50 pips de moins que le prix précédent de 90 $).

Passons maintenant au Stop-loss lors de la vente. Vous ne voulez pas que le prix monte (le commerce sera contre vous). Ainsi, pour les ventes, vous définissez un Stop-loss au-dessus du prix au cas où les ventes augmenteraient. Donc, en supposant que je ne veux pas perdre plus de 5 pips, je fixe maintenant mon Stop-loss au-dessus du prix précédent de 90 $. Par conséquent, mon stop-loss sera désormais de 95 $. Si vous reconnaissez que cela va complètement à l'encontre de ce que nous faisons lors de l'achat. Lors de l'achat, notre SL était sous-évalué, maintenant il est surévalué.

Voyons maintenant des exemples concrets.

Disons que je veux vendre l'EURJPY au cours acheteur actuel de 125 844, car d'après mon analyse, je sais qu'il va baisser. Ensuite, je veux un TP de 530 pips et je ne veux pas perdre plus de 100 pips. Quels seront mes TP et SL ?

Mon TP sera à 125 314 après avoir soustrait 530 pips du prix de l'offre parce que j'ai vendu, alors que mon SL sera à 125 944 après avoir ajouté 100 pips au prix actuel de l'offre de 125 844. En remarquant que j'ai utilisé le prix. Offrez ici et non demandez le prix parce que nous vendons.

Prenons un autre exemple,

Disons que nous voulons vendre AUDUSD en raison d'un dollar australien faible et que nous le vendons à partir du prix actuel de l'offre de 0,71503 et je veux 400 pips de TP et 100 pips de SL. Où sont mes TP et SL ?

Mon TP sera à 0,71103 (par exemple, soustrayez 400 pips du prix Ask 0,71503) tandis que SL devrait être à 0,71603 après avoir ajouté 100 pips au prix Bid actuel 0,71503.

Bref,

Lors de l'achat, votre TP est au-dessus alors que votre Stop Loss est en dessous

L'opposé,

Lors de la vente votre TO est pris alors que le Stop loss sera au-dessus

----

La taille du lot

LOT SIZE répond à la question, quelle quantité de la mienne dois-je utiliser pour fixer un objectif quotidien spécifique ? La taille du lot est le nombre de transactions que vous achetez ou vendez. Parfois appelé taille de la position/taille de la transaction.

Sur le marché Forex, les devises ne sont pas achetées et vendues une par une. Ils achètent et vendent en packs appelés tailles de lot. C'est ce qui rend le profit appréciable, sinon votre profit sur le Forex serait de 0,0001 $ ou quelque chose comme ça. Mais parce que vous achetez cette devise en vrac/paquet appelé Taille du lot, c'est pourquoi le profit peut être évalué.

Fondamentalement, il existe 3 types de tailles de lot

- Lots standards
- Mini-lots
- Micro-lots

Le lot standard contient 100 000 unités et est représenté sur MT4 de 1,0

Le mini lot contient 10 000 unités et est représenté sur MT4 à partir de 0.1

Alors que Micro lot contient 1000 unités et est représenté sur MT4 de 0,01

Supposons que nous ayons 3 marchands A, B et C qui vendent des Jeans Wears. Vous savez, pour faire des profits, ils ne peuvent pas simplement acheter une seule paire de jeans chez un grossiste. Ils doivent acheter ces jeans en lots pour que les bénéfices réalisés soient évalués. Ces lots sont ce que nous appelons des tailles de lot.

Supposons maintenant que le commerçant A achète 100 000 lots de jeans et que l'acheteur B achète 10 000 lots de jeans tandis que le commerçant C n'achète que 1 000 lots de jeans. Vous conviendrez avec moi que le commerçant A gagnera plus d'argent que le commerçant B, qui à son tour gagnera plus d'argent que le commerçant C. Ensuite, ce qui détermine le nombre de paquets de jeans qu'ils achètent, c'est le capital qu'ils investissent dans l'entreprise. C'est une illustration typique de la taille des lots

Dans l'illustration ci-dessus, le commerçant A achète une taille de lot standard tandis que le commerçant B achète une taille de mini lot, tandis que le commerçant C achète une taille de micro lot.

Examinons maintenant l'équivalent en pips de chaque taille de lot.

Pour la TAILLE DE LOT STANDARD

1 PIP = 10 $

Pour

TAILLE DU MINI LOT

1 PIP = 1 $

Tandis que pour

TAILLE DES MICROLOTS

1 PIP = 0,1 $

Donc si 3 traders négocient une paire de devises et que 3 d'entre eux font 500 pips soit 50 pips (rappelez-vous notre explication de 4 et 5 décimal MT4).

Disons que le commerçant A négocie 1 taille de lot standard de son partenaire tandis que le commerçant B négocie 1 taille de lot mini de son partenaire.

Le trader A qui gagne 50 pips aura 10 $ x 50 = 500 $ de profit

Le trader B qui fait 50 pips aura 1 $ x 50= 50 $ de profit, tandis que

Le trader C qui gagne 50 pips aura 0,1 $ x 50 = 5 $ de profit.

Ainsi, même s'ils participent toujours au même échange et que le marché évolue dans sa direction pour le même nombre de pips, mon profit est différent car la quantité spécifique de devises qu'ils achètent est différente. Je crois que ce concept est maintenant clair.

Effet de levier

UN AUTRE CONCEPT QUI FAIT que nous obtenons beaucoup avec peu de capital. C'est ce qu'on appelle LEVIER. L'effet de levier est la capacité d'utiliser quelque chose de petit pour contrôler quelque chose de grand. Dans le cas du Forex, il utilise une base de capital plus petite pour contrôler une taille de lot plus grande. Pour comprendre ce concept d'effet de levier, laissez-nous savoir un bref historique de la façon dont le Forex a commencé.

Au début, tout le monde n'était pas autorisé à négocier comme nous le voyons aujourd'hui sur le marché boursier de New York. Le Forex n'est échangé que par des personnes que nous appelons Cabals, MEN OF WALL STREET, généralement des banques d'investissement, des hommes riches, des rois, des hommes avec de grandes entreprises, des propriétaires d'entreprises, etc.

Prenons maintenant la bourse de New York comme exemple. Pour que vous puissiez négocier sur le parquet de la bourse de New York, vous devez gagner un million de dollars par an, vous ne devez aucune hypothèque ; vos documents fiscaux à jour avec de multiples critères juste pour le limiter aux Elites. C'est donc la même chose sur le Forex. Des hommes ordinaires comme vous et moi ne bénéficieraient pas d'une activité lucrative. Maintenant, avec l'avènement d'Internet, le monde est devenu un village global, dans le sens où vous pouvez acheter et vendre de n'importe où dans le monde. Cela a conduit à la prolifération des courtiers Forex. Maintenant, les courtiers Forex ont de nombreux clients partout dans le monde afin qu'ils puissent résoudre les problèmes de capital célibataire pour nous.

Maintenant, les grandes banques ont besoin d'une certaine somme d'argent pour que quelqu'un fasse du commerce. Mais comme les courtiers ont retiré ensemble de grosses sommes d'argent, nous sommes désormais autorisés à négocier par l'intermédiaire de nos courtiers. Ainsi, au lieu de transactions individuelles avec 1 million de dollars, vous pouvez en fait placer des transactions pour aussi peu que 10 $, car vous ne marcherez pas seul. Vous accédez au marché par l'intermédiaire de votre courtier, quelqu'un que les grandes banques reconnaissent comme une force formidable, car elle dispose d'un capital important. Je crois que cette simple illustration est comprise.

Maintenant, votre courtier vous permet de négocier parce qu'il vous offre ce qu'ils appellent l'effet de levier sur les marchés Forex. Le principe de l'effet de levier multiplie virtuellement ce petit capital afin que vous puissiez l'utiliser et acheter quelque chose de plus grande valeur.

Par exemple, lorsque vous êtes sur le point de remplir un formulaire pour ouvrir un compte de trading, vous verrez des choses comme :

1:500

ou

1:1000

et d'autres.

C'est ce qui rend le profit que nous avons sur le Forex assez important.

Ordre commercial

Il existe essentiellement 3 types d'ordres commerciaux

- Exécution instantanée du marché
- Ordres d'arrêt
- Ordres à cours limité

Nous ne discuterons que des détails concernant l'exécution instantanée du marché. Nous examinerons les autres types lorsque nous discuterons du support et de la résistance dans le Forex, afin que vous les compreniez correctement. L'exécution instantanée du marché signifie simplement que vous avez acheter au prix du marché instantané.

 Disons qu'une paire de devises est actuellement à 50 $ et que vous tuez l'achat. Ce que vous faites est une exécution instantanée du marché parce que vous achetez au prix actuel, tandis que les 2 autres types, à savoir les ordres stop et les ordres à cours limité, sont lorsque vous achetez à un prix futur.

 Supposons que vous souhaitiez attendre que le prix de la paire de devises tombe à 40 $ avant d'acheter, vous ne faites plus d'exécution instantanée du marché.

 Voyons maintenant où placer tous ses ordres de marché sur notre MT4.

Lorsque vous cliquez sur l'icône déroulante indiquée par la flèche bleue, elle vous montrera tous les formulaires de commande du marché. MT4 le stocke sur l'exécution instantanée du marché en l'absence. Les flèches rouges indiquent où cliquer pour obtenir les différents types de limites et d'arrêts que nous avons. La flèche violette indique où vous cliquerez pour sélectionner la taille de lot souhaitée pour votre transaction.

Chapitre trois

Comment connaître les tendances du marché

IL Y A DE NOMBREUSES FAÇONS POUR NOUS DE CONNAÎTRE LES TENDANCES DU MARCHÉ. Dans ce livre, je vais discuter de deux méthodes principales pour détecter les tendances. Nous pouvons utiliser la moyenne mobile ou la ligne de tendance.

Dans ce chapitre, je parlerai davantage de l'utilisation des moyennes mobiles tandis que les lignes de tendance seront abordées plus en détail dans le chapitre suivant. Peut-être que vous savez quelque chose sur les moyennes mobiles, mais continuez à lire car je vais vous montrer quelques façons dont vous n'avez peut-être pas entendu parler auparavant et comment elles peuvent vous aider à négocier en toute sécurité avec les tendances du marché et non contre elles. C'est la clé pour réaliser un profit sur n'importe quel marché à tout moment de la journée.

Le pouvoir de la moyenne mobile

La MOYENNE MOBILE est l'un des indicateurs techniques les plus couramment utilisés. Si vous passez beaucoup de temps sur les graphiques de prix, vous remarquerez que les prix montent et descendent souvent. Dans un marché en mouvementbientôt, vous constaterez que le prix a rebondi et baissé puis avant de rebondir à nouveau, augmentant le potentiel de faux signaux. Les moyennes mobiles peuvent aider à piéger le bruit autour des mouvements de prix et à les rendre lisses.

 Les moyennes mobiles sont utilisées pour identifier les tendances et confirmer leurs contraires. Lorsque le prix est au-dessus de la ligne de la moyenne mobile, nous pouvons dire que l'instrument est dans une tendance haussière. À l'inverse, lorsque le prix est inférieur à la ligne de la moyenne mobile, on peut dire que la tendance est à la baisse. La rupture de la ligne de la moyenne mobile implique généralement un renversement de tendance.

 Les moyennes mobiles sont également utilisées pour identifier les zones de support et de résistance. La plupart des traders considèrent la ligne de la moyenne mobile comme un niveau de support ou de résistance et tradent en fonction de celle-ci. Les traders vérifieront si les prix se dirigent vers la moyenne mobile et verront s'ils vont rebondir ou la casser. Souvent, le prix de l'instrument trouvera un support sur la ligne moyenne mobile lorsque la tendance est à la baisse. Ensuite, la moyenne mobile vous dira si l'instrument a tendance à monter, à baisser ou à varier. Il vous dira si la tendance est toujours en mouvement ou si elle s'inverse ou perd de son élan.

N'oubliez pas que les moyennes mobiles sont basées sur les prix passés et sont connues sous le nom d'indicateurs de décalage. Par conséquent, il ne vous avertira pas à l'avance mais confirmera lorsqu'un changement de tendance s'est produit. C'est vraiment la clé de notre avantage. Nous en avons besoin pour confirmer que la tendance a réellement changé, car nous ne voulons pas négocier contre la tendance.

Au niveau le plus élémentaire, lorsque le prix croise et clôture au-dessus de la moyenne mobile, les commerçants le prennent comme un signal d'achat. Lorsque le prix a baissé et clôturé en dessous de la ligne de la moyenne mobile, ils le considèrent comme un signal de vente.

Types de moyenne mobile

IL EXISTE TROIS TYPES PRINCIPAUX

1) Simplicité

2) Pondéré et ;

3) Moyenne mobile exponentielle

Plus la moyenne mobile unique est longue, plus elle tarde et ralentit pour réagir à la période de prix la plus récente. Étant donné le même poids sur toutes les périodes, la moyenne mobile simple est plus lente à réagir aux variations rapides des prix. Les moyennes mobiles pondérées et exponentielles sont utilisées pour contrer la baisse. Les moyennes mobiles pondérées et exponentielles sont calculées différemment, mais les deux types attribuent le même poids à la période en cours. Et met beaucoup l'accent sur ce que font les commerçants en ce moment.

 En conséquence, les moyennes mobiles pondérées et exponentielles réagissent plus rapidement à l'action rapide des prix en distribuant plus de poids sur la période actuelle et moins de poids sur la période précédente. Ils reflètent des changements de sentiment plus rapides qui peuvent être utilisés pour suivre les changements de l'offre et de l'offre ainsi que, bien sûr, les événements d'actualité qui ont un impact sur le marché. Si vous tracez la moyenne mobile simple (SMA) et la moyenne mobile exponentielle (EMA), vous verrez que l'EMA est plus proche du prix que la SMA.

DANS LE GRAPHIQUE CI-DESSUS, la ligne rouge est le 10 EMA, tandis que la ligne bleue est le 20 SMA et la ligne violette est le 21 EMA. Vous pouvez voir que le 10 EMA est très proche du prix par rapport au 20 SMA.

Outre les types de moyennes mobiles, vous pouvez également spécifier la période de temps. Cela dépendra également du type de tendance que vous analysez.

Les types les plus couramment utilisés sont

- 10-20 qui est utilisé pour les tendances à court terme,
- 50 pour la tendance à moyen terme et ;

- 100 -200 pour une tendance à long terme.

Quand et comment utiliser les moyennes mobiles

DETERMINER la Moyenne Mobile utilisée et sa période dépendra plus de vos objectifs. Quels sont vos objectifs commerciaux ? Tradez-vous à long terme ou à court terme ?

Les moyennes mobiles exponentielles sont principalement utilisées pour les périodes courtes et l'analyse des marchés à évolution rapide, car elles mettent davantage l'accent sur les prix récents. Les moyennes mobiles simples sont utilisées si vous prévoyez de conserver une position pendant une période plus longue. Les moyennes mobiles exponentielles peuvent être trop sensibles et fournir de faux signaux, les moyennes mobiles simples aident à filtrer les bruits autour des fluctuations de prix pour déterminer la direction générale du marché.

Comment déterminer la tendance

Comme je l'ai dit, la moyenne mobile est un indicateur très simple pour connaître la tendance du marché. Cela signifie que lorsque vous tracez la moyenne mobile dans votre graphique. Cela vous aide à savoir si le prix est dans une tendance haussière, baissière ou une combinaison.

Désormais, les moyennes mobiles peuvent être utilisées pour :

• Pour savoir si le prix est en hausse, en baisse ou variable.

- Pour déterminer les niveaux clés sur le graphique, tels que les niveaux de support et de résistance sur le graphique.

Maintenant, en plus de tracer la moyenne mobile pour connaître la tendance, nous l'utiliserons pour marquer notre support et notre résistance sur le graphique.

Alors, comment cela peut-il être utilisé au mieux à notre avantage pour trader de manière rentable dans le trading Forex ?

Maintenant, dans votre graphique, insérez la moyenne mobile simple 20 du cours de clôture. Pourquoi lycée 20 ? D'après nos observations, nous constatons que le SMA 20 est également la bande médiane de la bande de Bolinger, ce qui rend le SMA 20 très solide et résilient à la fois en tant que support et résistance. Le 20 SMA est également très fort pour arrêter les prix des instruments sur le marché.

Nous utilisons également les moyennes mobiles exponentielles de 10 et 21 des cours de clôture. Le 10 EMA est couramment utilisé par les commerçants institutionnels. Nous aimons négocier le long des EMA 10 et 21 car ce sont eux qui font vraiment bouger le marché, nous ne profitons que de leurs actions. C'est pourquoi nous utilisons EMA 10.

Avec les trois moyennes mobiles sur votre graphique, nous sommes prêts à le faire.

Alors, comment l'utilisons-nous?

Alors d'abord, laissez-nous savoir comment échanger avec elle?

Comment déterminer une tendance haussière

CHAQUE FOIS QUE LES BOUGIES CROISENT les trois moyennes mobiles et restent au-dessus, nous avons une tendance haussière en place.

Prenons un exemple.

DANS LE GRAPHIQUE NZDUSD, vous pouvez voir que les bougies ont traversé les trois lignes de la moyenne mobile après avoir augmenté. Ceci est un exemple de tendance haussière. Toutes les bougies restent au-dessus de la ligne de la moyenne mobile, en particulier la 10 EMA qui est la ligne rouge. Sûr que vous pouvez le voir ?

Lorsque les bougies traversent les trois lignes de la moyenne mobile, cela indique que la tendance est passée d'une tendance baissière à une tendance haussière.

Veuillez noter que nous donnons notre signal (c'est-à-dire détectons un changement de tendance) uniquement lorsque la bougie croise et se ferme au-dessus du 20 SMA. Comme je l'ai dit, le 20 SMA est très fort. Le signal n'est activé que lorsque les bougies ont franchi et clôturé au-dessus du 20 SMA parmi toutes les moyennes mobiles.

Si les bougies se croisent et se ferment au-dessus du 10 & 21 EMA; Nous n'y sommes pas encore entrés. La tendance changeante n'a pas été confirmée jusqu'à ce qu'elle casse la résistance ou soutienne le 20 SMA et clôture au-dessus.

Graphique quotidien de l'or

DANS le GRAPHIQUE de l'or, les flèches bleues indiquent où le chandelier a traversé et clôturé au-dessus des trois moyennes mobiles. Après avoir franchi et clôturé surtout les 20 EMA et SMA, la tendance s'est confirmée. Vous pouvez également voir que les bougies restent au-dessus de la ligne de la moyenne mobile après cela. Ceci est un exemple de tendance haussière.

Comment déterminer une tendance baissière

QUAND LES BOUGIES ont franchi toute la ligne de la moyenne mobile et se sont fermées en dessous (en particulier le 20 SMA), une tendance à la baisse était en place. La tendance est passée à une tendance baissière. Et c'est le cas, les bougies resteront en dessous de toute la ligne de la moyenne mobile.

Ci-dessous un exemple,

GBPUSD Graphique journalier

FLÈCHES BLEUES QUI INDIQUENT quand la tendance passe d'une tendance haussière à une tendance baissière est confirmée. En traversant et en fermant en dessous du 20 SMA qui est la moyenne mobile principale, ce qui active notre signal. Vous pouvez voir que toutes les bougies sont en dessous de la moyenne mobile après cela. Ceci est un exemple typique de tendance baissière.

Veuillez noter qu'il est possible que la bougie retrace son mouvement vers le haut comme si elle se dirigeait vers la ligne de la moyenne mobile, tant qu'elle se ferme toujours à la baisse sous la ligne de la moyenne mobile, que le 10 EMA soit le plus proche de la bougie, la ligne baissière tendance est toujours intacte.

GBPUSD Graphique journalier

_____

SUR LE GRAPHIQUE CI-DESSUS, on peut voir qu'il s'agit bien d'une tendance baissière. Toutes les bougies sont en dessous de la ligne de la moyenne mobile. Mais vous voyez, il y a des moments où les bougies qui s'éloignent de la ligne des moyennes mobiles reviennent ou reviennent vers la ligne des moyennes mobiles ou ce qu'on appelle généralement revenir au nombre moyen. Dans un tel cas, nous[3] ne pouvons échanger aucun signal d'achat,vconsidérez cela comme un retracement contre la tendance. Ce que nous attendrons, c'est une bougie baissière qui se fermera en dessous de toute ligne de moyenne mobile pour vendre ou prendre une position courte conformément à la tendance baissière.

 Les flèches bleues indiquent différents niveaux d'entrée après la fin du retracement avec une clôture baissière sous le 10 EMA, tous les métiers sont en ligne avec la tendance. C'est un grand avantage !

 Voyons un autre exemple

Graphique journalier EURUSD

_____

La LONGUE FLÈCHE BLEUE indique une tendance haussière et comment la chandelle est surtout au-dessus des trois moyennes mobiles. Deux courtes lignes rouges horizontales indiquent où le retracement commence et se termine.

Maintenant, vous pouvez le voir vendu dans ces zones, mais tant que la vente n'a pas franchi les trois moyennes mobiles, nous le considérons comme un retracement. Nous pouvons voir que le retracement s'est terminé par une bougie haussière clôturant au-dessus du 10 EMA qui est la ligne rouge moyenne mobile.

J'utilise la ligne rouge horizontale pour indiquer où se termine le retracement et la flèche bleue indique une entrée à acheter avec une bougie haussière qui recommence à monter ou qui termine un retracement. Dans ce cas, nous négocions acheter le long de la principale tendance haussière. Très sûr et sans risque !

Chapitre quatre

_____

Stratégie commerciale

_____

APRÈS AVOIR COMPRIS COMMENT déterminer une tendance haussière et une tendance baissière avec une ligne de moyenne mobile, cette section détaille comment l'utiliser pour générer des profits sur le marché Forex.

Il existe deux façons de négocier avec cette stratégie, soit en tant que

- Évasion ou
- Tirez en arrière

Stratégie de négociation de tendance haussière

CELA PEUT ÊTRE FAIT comme une évasion ou un retrait comme mentionné ci-dessus.

Stratégie d'évasion

Un BREAKOUT apparaît lorsqu'une bougie croise et ferme au-dessus de toutes les lignes de la moyenne mobile, en particulier la SMA 20. Si la bougie ne se ferme pas au-dessus de la SMA 20, ne négociez pas tout de suite. Mais une fois proche dessus, placez votre trade. Placez votre stop loss sous la bougie précédente et réglez-le pour obtenir etgagne autour de la résistance la plus proche.

Regardons l'exemple suivant

Graphique journalier EURNZD.

Les chandeliers se croisent et se ferment surtout les lignes de Moyenne Mobile sont indiquées par des flèches bleues. Cela confirme que la tendance est passée d'une tendance baissière à une tendance haussière. Vous pouvez voir que la bougie a monté après cela, même si la bougie était un peu plus éloignée jusqu'à ce qu'elle se sépare finalement avec la dernière bougie comme le montre la dernière flèche.

 Encore une fois, si la bougie s'est fermée au-dessus des moyennes mobiles et que vous voyez un prix de vente, ne vendez pas même si vous voyez un bon réglage. Vous négociez à contre-courant. Tant que la bougie reste au-dessus de la moyenne mobile, ne cherchez qu'à acheter.

Stratégie de retrait

Le PULLBACK dans une tendance haussière apparaît lorsque le prix atteint la résistance ou achète plus et réexamine le support immédiat pour trouver un fond avant de reprendre son mouvement haussier. Si vous avez vraiment manqué le premier niveau précédent lorsque la tendance a été lancée en fermant les bougies au-dessus de toutes les moyennes mobiles, en particulier le 20 SMA, attendez un retracement ou un recul pour rejoindre la tendance.

Comment faites-vous?

Une fois que le prix a rencontré une résistance et que vous le voir se vendre, attendez la fin de la pression de vente. Restez vigilant lorsque la bougie est sur le point de toucher les moyennes mobiles Une fois que vous voyez une bougie haussière se fermer au-dessus de n'importe quelle moyenne mobile, cela nous indique que la tendance haussière a recommencé (le recul ou le retracement est terminé) et nous pouvons alors rejoindre la tendance.

 En fait, c'est l'un des meilleurs arrangements que vous puissiez échanger avec ce système, car il est très fiable et efficace, ce qui vous donne un avantage.

 Prenons un autre exemple.

 Jetez un œil au graphique quotidien AUDUSD ci-dessous

_____

 VOUS POUVEZ VOIR que la paire est dans une tendance haussière, comme l'indique le croisement de la bougie et reste au-dessus des moyennes mobiles. Il arrive un moment où le partenaire vend. Droit? Dans un tel cas, nous ne pouvons pas entrer pour vendre l'échange tant que nous n'avons pas confirmé que la tendance est devenue baissière.

 Maintenant, vous pouvez voir que chacune de ses périodes de vente (retracements) se termine lorsqu'elle rebondit sur la ligne de la moyenne mobile. Regardez les trois flèches bleues. Il indique où le retracement se termine par une bougie haussière clôturant au-dessus des trois moyennes mobiles ou en dessous de la 10 EMA qui est la moyenne mobile la plus proche des bougies, avant de redémarrer la tendance haussière. C'est là que nous sélectionnons notre entrée pour le commerce d'achat, plaçons notre stop loss en dessous de la bougie basse précédente et notre TP autour de la prochaine résistance.

S'il vous plaît noter, n'échangez jamais une configuration de vente, quelle que soit sa qualité quand les bougies restent au-dessus des moyennes mobiles dans une tendance haussière. La tendance baissière n'a pas été confirmée et échangez une configuration de vente contre la tendance et vous perdrez certainement de l'argent.

Stratégie de négociation de tendance baissière

CELA PEUT AUSSI ÊTRE FAIT comme une cassure ou un retrait comme décrit précédemment pour la tendance haussière ci-dessus.

Stratégie d'évasion

Une cassure baissière apparaît lorsque la bougie croise et se ferme en dessous de toutes les lignes de la moyenne mobile. Lorsque cela se produit, c'est un signal qu'une tendance à la baisse commence ou a commencé, en particulier lorsque le 20 SMA a franchi, alors vous pouvez placer votre transaction. Veuillez noter que la tendance baissière n'est confirmée que lorsque la bougie croise et clôture en dessous du 20 SMA, sinon la tendance baissière qui est sur le point de commencer n'a pas été confirmée.

Voyons un exemple

Graphique journalier USDCHF

La première FLÈCHE BLEUE VERS LE HAUT indique un croisement et une fermeture sous la troisième moyenne mobile. La tendance baissière est confirmée ici, nous pouvons donc placer une transaction de vente.

Le stop loss sera au-dessus du haut de la bougie et prendra gains autour du soutien immédiat.

Stratégie de retrait

Le PULLBACK dans une tendance baissière se produit lorsque le prix se sur vend, trouve un support et converge temporairement vers la résistance la plus proche avant de repartir à la baisse. C'est ce qu'on appelle un pullback ou un retracement. Lorsque cela se produit, nous ne placerions pas de transaction d'achat car cela serait considéré comme contraire à la tendance d'une transaction très risquée.

Dans ce cas, vous attendrez qu'une chandelle baissière se forme et se clôture en dessous de trois lignes de moyenne mobile avant d'entrer dans une tendance baissière. Dans la plupart des cas, la bougie se clôturera en dessous du 10 EMA car c'est la moyenne mobile la plus proche du prix.

Regardons l'exemple ci-dessous,

MAINTENANT, POUVEZ-vous voir la ligne verticale bleue ? La ligne indique un pullback (retracement). Nous pouvons voir que le long du retracement, la paire achète. Dans ce cas, nous ne pouvons pas placer une transaction d'achat, quelle que soit la qualité de l'arrangement, si nous le faisons, nous négocions à contre-courant. Vous pouvez voir que la flèche bleue précédente indique quand le retracement s'est terminé avec une clôture baissière sous la ligne de la moyenne mobile, nous indiquant que nous pouvons continuer à vendre. Pour que nous puissions mettre autres métiers de la vente.

Vous pouvez voir que ce système vous aide à négocier en toute sécurité grâce au trading de tendance, et vous n'y entrez que lorsque la tendance est confirmée.

Nous avons plusieurs paires, si vous ne voyez pas ce qui se négocie dans une paire, passez à la suivante. Je suis sûr que vous verrez une règle ou deux pour le trading par semaine.

Pour vous montrer de nombreux exemples de la rentabilité de ce système, veuillez consulter ci-dessous des exemples de trading de paires de devises précédentes.

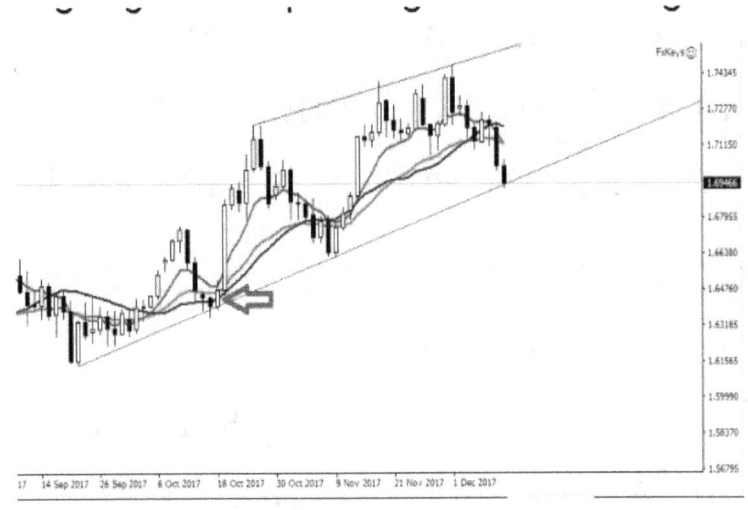

Grafik Harian EURNZD

DANS LE GRAPHIQUE CI-DESSUS, les flèches bleues indiquent les repères d'entrée. La bougie s'est fermée sous la ligne bleue - SMA 20. Vous pouvez la voir se déplacer vers le haut après cela. Voici un autre exemple,

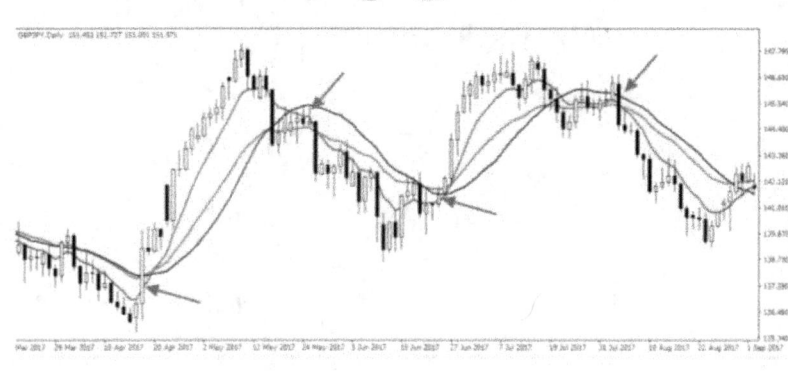

Grafik Harian GBPJPY

LA FLÈCHE BLEUE MONTRE la bougie d'entrée, vous pouvez voir son mouvement après cela

_____

Grafik Harian GBPJPY

Grafik Harian *Crude Oil*

LES FLÈCHES BLEUES DANS LE GRAPHIQUE ci-dessus indiquent les entrées de transactions réussies tandis que les flèches rouges sont utilisées pour indiquer les transactions perdantes. Vous pouvez voir que même avec des pertes, les transactions réussies sont si rentables qu'elles récupèrent les pertes et vous donnent plus de profit.

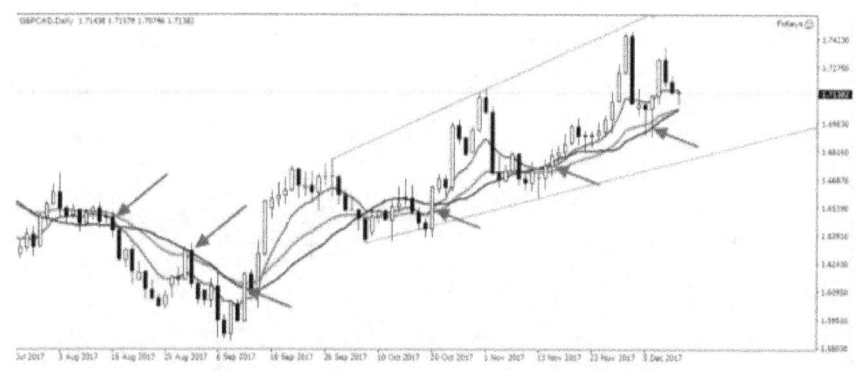

Grafik Harian GBPCAD

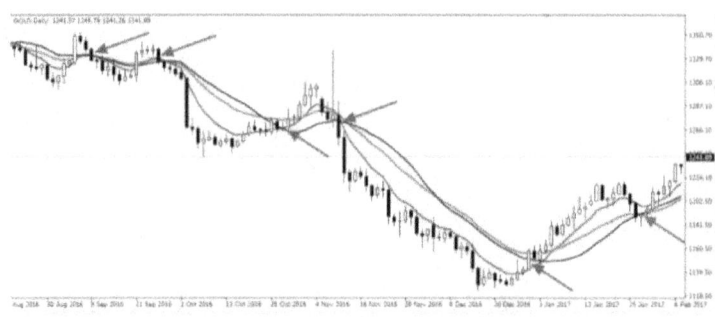

Grafik Harian *Gold*

Grafik Harian GBPUSD

VOUS POUVEZ VOIR à partir des exemples ci-dessus que le système fonctionne même si vous l'échangez aveuglément sans tenir compte d'autres éléments.

Dans l'état actuel, permettez-moi d'ajouter qu'il serait bon que vous preniez en compte d'autres paramètres tels que la vérification du support et de la résistance, la vérification du délai hebdomadaire pour détecter l'image de la semaine précédente.

En tant que trader, la première tâche que vous devez faire sur votre graphique est de dessiner votre support et votre résistance. Cela vous donnera une idée de l'endroit où entrer votre métier. N'achetez jamais une résistance même si le signal l'indique, et ne vendez jamais au support chaque fois que vous voyez une configuration commerciale.

Vous devez utiliser ce système de trading avec ses règles pour filtrer les faux signaux et minimiser les pertes.

Dans l'ensemble, quel que soit le montant que vous déposez sur votre compte de trading, vous réaliserez toujours des bénéfices et réussirez si vous pouvez appliquer ces règles dans le commerce forex

Chapitre cinq

Stratégie de ligne de tendance

CETTE STRATÉGIE UTILISE une combinaison de lignes de tendance et de pivots pour déterminer quand vendre ou acheter. Les lignes de tendance sont utilisées pour montrer les zones de support ou de résistance. La façon normale de l'utiliser est de connecter deux pics ensemble dans une tendance baissière ou deux bas ensemble dans une tendance haussière.

Voyons comment utiliser les lignes de tendance dans une tendance haussière.

Grafik 1 jam EURUSD

LE GRAPHIQUE MONTRE comment je connecte deux pics dans une tendance baissière avec une ligne de tendance. Les deux flèches rouges indiquent les pics que j'ai utilisés pour tracer la ligne de tendance.

Maintenant, comme son nom l'indique, une ligne de tendance est une ligne qui marque la tendance du marché pour nous.

Dans une tendance baissière, lorsque le prix / bougie franchit la ligne de tendance et se ferme au-dessus, c'est un signal que la tendance est passée d'une tendance baissière à une tendance haussière.

Voyons un exemple ci-dessous

Graphique GBPUSD 1 heure

DANS LE GRAPHIQUE CI-DESSUS, j'ai utilisé les pics des 23 et 24 avril 2019 pour tracer une ligne de tendance. Le 25 avril 2019, le prix a tenté d'atteindre cette ligne de tendance et d'y adhérer en sondant un peu avant d'essayer de la casser le 26 avril 2019 avec la bougie forte que j'ai montrée dans le cycle.

Vous pouvez voir que lorsque le prix casse la ligne de tendance ci-dessus, cela nous indique que la tendance baissière est terminée et nous pouvons voir que le prix a en fait augmenté à partir de là et a avancé. Même en essayant de tester la ligne de tendance du 26 avril 2019, le prix a rebondi et s'est déplacé à nouveau vers le nord.

Veuillez voir ce qui se passe dans le tableau ci-dessous

Graphique 1h GPBUSD

VOUS POUVEZ VOIR le reste du voyage - combien le prix a fait après avoir cassé la ligne de tendance baissière le 26 avril 2019. Cela nous indique à quel point le calendrier est solide pour déterminer la tendance et l'inversion de tendance.

Ce qui précède est un exemple de la façon dont les lignes de tendance sont utilisées pour déterminer les inversions de tendance dans une tendance baissière.

Regardons un exemple d'inversion de tendance dans une tendance haussière.

Dans une tendance haussière, la tendance passe de haussière à baissière lorsque le prix casse la ligne de tendance et ferme en dessous. Le graphique ci-dessous montre exactement comment,

----

Graphique 1h AUDUSD

Les FLÈCHES ROUGES MONTRENT les deux plus bas utilisés pour relier la ligne de tendance et vous pouvez voir que la ligne de tendance s'est cassée le 15 janvier 2019 avec une bougie baissière en deux cycles. Le prix teste à nouveau la ligne de tendance pour voir si elle peut être cassée à la hausse, mais la ligne de tendance se maintient et le prix se vend actuellement. Depuis lors, le prix a complètement inversé sa direction de haussier à baissier.

Le graphique ci-dessous montre ce qui s'est passé après

Grafik 1 jam AUDUSD

LE GRAPHIQUE CI-DESSUS MONTRE des flèches rouges pointant vers les points où la ligne de tendance brisée a été retestée et la vente qui a suivi.

Maintenant, comprenez la ligne de tendance et comment l'utiliser. Nous allons maintenant passer à une autre section stratégie qui est pivot.

Les traders professionnels du Forex et les teneurs de marché utilisent des points pivots pour identifier les niveaux potentiels de support et de résistance. En termes simples, gardez les points pivots et leurs niveaux de support/résistance sont des domaines où la direction du mouvement des prix est susceptible de changer. La raison pour laquelle les points pivots sont si attrayants ?

C'est parce qu'ils sont OBJECTIFS.

À certains égards, les points pivots du Forex sont très similaires aux niveaux de Fibonacci. Comme tant de gens prêtaient attention aux niveaux, ils sont presque devenus complaisants.

La plupart des commerçants prêtent attention à ces niveaux et vous devriez aussi.

Les points pivots sont principalement utiles pour les traders à court terme qui cherchent à tirer parti des petits mouvements de prix. Comme pour les niveaux de support et de résistance normaux, les traders Forex peuvent choisir de trader le rebond ou la cassure de ces niveaux. Mais dans ce manuel, notre objectif est de négocier la cassure des niveaux.

Ce que je veux que vous sachiez, c'est simplement que lorsque nous parlons de pivots dans cette stratégie, nous faisons référence soit aux niveaux de résistance, soit aux niveaux de soutien. C'est tout ce dont nous avons besoin pour utiliser la stratégie comme je l'expliquerai ci-dessous.

Comment placer une transaction d'achat

SELON SES RÈGLES STRATÉGIQUES, dans une tendance haussière, nous avons deux bas connectés ensemble, un bas et un bas plus haut. Le point de référence pour notre point de pivot est le plus bas le plus élevé. Une fois que le prix a cassé la ligne de tendance, attendez que le prix casse le pivot bas supérieur. Après la cassure, la tendance se confirmeet ensuite vous pouvez placer votre commerce à vendre.

Si le prix casse la ligne de tendance et n'a pas cassé un pivot bas plus élevé, il y a une possibilité de rebond et un autre mouvement vers le haut. C'est arrivé. C'est pourquoi, dans cette stratégie, nous devons attendre patiemment que le prix casse le pivot bas supérieur avant de pouvoir dire que le signal est activé.

Regardons un exemple pour comprendre le concept dans le graphique ci-dessous.

Grafik 1 jam USDJPY

DANS LE GRAPHIQUE CI-DESSUS, USDJPY 22 - 25 avril 2019, la ligne de tendance montre la tendance baissière du marché. La flèche bleue pointe vers le dernier pic de la bougie baissière que le deuxième point utilise pour relier les lignes de tendance ensemble. Le dernier pic de la bougie baissière est le Pivot que nous utilisons. La ligne horizontale en bleu est le pivot tracé pour relier les pics.

Comment définir les pivots ?

Une fois que vous avez choisi le dernier sommet de la bougie baissière, tracez votre ligne horizontale sur ce sommet. C'est le pivot de cette stratégie. J'espère que tu comprends. Sinon, relisez-le !

 La flèche rouge pointe vers la forte bougie haussière qui a cassé le pivot et également cassé la ligne de tendance. Après la pause, le prix remonte fortement. Ceci est un exemple de la façon dont la stratégie fonctionne dans une situation de marché réelle.

 Voyons un autre exemple pour mieux comprendre,

Grafik 1 jam EURUSD

DANS LE GRAPHIQUE CI-DESSUS, il y a deux pics (tous deux en cycles), le dernier pic où j'ai indiqué par la flèche rouge est le pic sur lequel on pivote. En haut, j'ai tracé une ligne horizontale comme vous pouvez le voir ci-dessus.

 Les flèches bleues indiquent que les bougies cassent la ligne de tendance à la hausse. Le prix est revenu pour retester la ligne de tendance mais n'a pas été en mesure de la décomposer, le prix s'est inversé vers le haut avec une forte bougie haussière et le prix a immédiatement cassé le pic de pivot comme indiqué par le cycle rouge dans le graphique ci-dessus. Après la rupture, le prix se déploie à partir de là, vers le haut. Regardez la longue flèche bleue.

Laissez-moi vous montrer un autre exemple

Grafik 1 jam USDCAD

L'IMAGE CI-DESSUS EST le graphique USDCAD du 22 avril 2019. Deux cycles en bleu montrent deux pics utilisés pour tracer une ligne de tendance baissière. Le cycle rouge où le prix casse la ligne de tendance. Après la rupture, il n'est pas temps de placer une transaction d'achat jusqu'à ce que le pivot est cassé.

La flèche rouge indique une grande bougie haussière forte qui casse le pivot de la dernière bougie de pointe. C'est le moment de placer une transaction d'achat. Nous pouvons également voir le prix réel déployé à partir de là.

Comment placer une transaction de vente

DANS une TENDANCE haussière, nous relierons les deux plus bas ensemble pour tracer une ligne de tendance. Le dernier plus bas est le plus bas le plus haut, qui est le plus bas que nous utiliserons pour tirer le pivot. Lorsque le prix casse la ligne de tendance et casse immédiatement le bas du pivot, c'est un signal pour placer une transaction de vente.

Voyons un exemple ci-dessous,

Grafik 1 jam USDJPY

Dans le même GRAPHIQUE USDJPY ci-dessus, j'ai utilisé des cycles pour représenter les deux plus bas des bougies que j'ai utilisées pour tracer la ligne de tendance. Le deuxième bas de bougie (plus bas supérieur) est le point pivot. J'ai donc dessiné le pivot en utilisant la ligne horizontale bleue comme indiqué ci-dessus.

La flèche rouge pointe vers une bougie baissière qui casse la ligne de tendance. Nous n'avons pas placé d'échange jusqu'à ce que le pivot se casse. Il est possible que le prix atteigne le pivot et s'inverse, dans ce cas, la tendance haussière est toujours intacte.

Ainsi, lorsque nous avons une bougie baissière qui se ferme sous le pivot, comme indiqué ci-dessous, c'est un signal que l'inversion de tendance haussière a effectivement été confirmée.

Ensuite, nous pouvons rejoindre d'autres commerçants pour vendre à découvert ou vendre des transactions. Ensuite, vous pouvez voir la vente qui s'est produite après cela.

Grafik 1 jam USDJPY

VOYONS PLUS D'EXEMPLES ci-dessous,

Grafik 1 jam GBPJPY

DANS LE GRAPHIQUE CI-DESSUS, les deux cycles bleus montrent deux creux qui se connectent pour tracer une ligne de tendance tandis que le cycle rouge montre la zone où la ligne de tendance a été brisée par le prix. La ligne horizontale bleue est le pivot reliant le bas supérieur. Les flèches rouges indiquent où le prix a cassé le pivot après avoir cassé la ligne de tendance. Après avoir cassé le pivot, nous pouvons voir une forte vente à partir de là.

Regardons un autre exemple avec ce graphique EURAUD.

Garis 1 jam EURAUD

DEUX CYCLES MONTRENT le bas de la ligne de tendance haussière. Il a été cassé par une bougie baissière indiquée par le cycle rouge ci-dessus. Le pivot est cassé par une bougie baissière comme indiqué par la flèche rouge. Bien que le prix ait essayé de tester à nouveau la ligne de tendance, incapable de la casser vers le haut, la vente a commencé à partir de là.

Je vous prie d'essayer plus de graphiques pour voir comment cette stratégie fonctionne. Il s'agit d'une stratégie très puissante qui vous aidera à gagner de l'argent sur le Forex plus facilement. Si vous combinez cette stratégie avec les stratégies dont j'ai parlé dans le chapitre précédent, vous avez un bon outil à votre disposition pour frapper le marché à tout moment de la journée.

Veuillez noter que cette stratégie peut être utilisée pour n'importe quelle période de votre choix. Dans ce livre, je l'ai utilisé sur le graphique d'une heure. Trouvez un laps de temps qui correspond bien à votre personnalité et adaptez-y cette stratégie.

Placer un stop loss et prendre des bénéfices

POUR ACHETER et VENDRE, placez le Stop Loss en dessous et au-dessus de la ligne de tendance. C'est mieux et plus sûr de cette façon, car le prix pourrait venir tester à nouveau la ligne de tendance et il pourrait atteindre votre stop loss.

Dans le graphique EURAUD ci-dessous,

La petite LIGNE ROUGE HORIZONTALE indiquée par la flèche verte indique où le Stop Loss devrait être. Si vous observez, le prix revient pour tester la ligne de tendance après avoir cassé le pivot, si votre stop loss a été placé en dessous de la ligne de tendance, vous perdrez ce commerce.

Regardons un autre exemple avec un graphique du précédent,

Grafik 1 jam USDCAD

LA FLÈCHE VERTE MONTRE où le Stop Loss doit être placé pour que le commerce soit sûr et ait de la place pour fonctionner.

Pour en profiter, je le laisserai à votre discrétion. Assurez-vous de permettre à votre commerce de fonctionner.

Chapitre six

Plan de négociation

TOUT ce que vous faites dans la vie nécessite un plan. Il y a un dicton qui dit que lorsque vous ne planifiez pas, vous prévoyez d'échouer. C'est pourquoi vous avez besoin d'un plan de trading écrit avant de commencer votre aventure sur le Forex. Ensuite, vous devez suivre ce plan à bon escient. N'essayez jamais de l'ajuster en fonction de vos conditions de marché ou de vos préjugés actuels. La plupart des commerçants négligent cet aspect vital du Forex.

Lors de l'élaboration de votre plan, le plan doit être

- Spécifique
- Mesurable
- Abordable
- Réaliste
- Limité dans le temps

Vous devez tenir compte de tout ce qui précède. Je veux partager avec vous un plan de trading typique à exécuter comme guide. Ce plan peut être un guide, vous pouvez donc l'utiliser pour vous façonner. Il n'est pas nécessaire que ce soit exactement le même que ci-dessous, après tout, ce n'est qu'un guide.

Plan de trading typique|Un plan de trading typique

----

1) J'obtiendrai 100% de mon capital de trading en 1 mois.

2) Je vais fixer un objectif à court terme et gagner au moins 25 % de mon capital commercial en 1 semaine et je vais planifier cet objectif quotidien.

3) Si je rate mon plan de trading d'un quart ; Je vais faire une pause pour évaluer mon système de trading.

4) Je ne négocierai pas plus de 3 marchés par jour (par exemple plus de 3 paires de devises)

5) Si je perds plus de 4 transactions consécutives, je prendrai une pause commerciale de 2 jours pour rétablir le prix du marché.

6) Chaque jour, je prends une pause, je couvrirai les pertes commerciales, établirai

des arrêts de protection sur les transactions gagnantes et TP sur des cibles appropriées.

7) Je vais prendre 70 % de mon compte et l'investir dans une entreprise non liée au Forex (comme l'immobilier) et réinvestir 30 %

8) J'enregistrerai mon activité de trading quotidienne dans mon journal de trading et je l'examinerai chaque semaine.

9) Je connaîtrai mes ratios et mes résultats et travaillerai à les améliorer, au moins 5% par semaine.

10) J'investirai 4 heures par semaine pour mettre à jour mes connaissances sur le Forex et apprendre de nouvelles stratégies de trading.

CE QUI CI-DESSUS EST une version résumée du plan de trading. Il montre les points

Ce qui précède est une version résumée du plan de trading. Il montre les points du plan. Imprimez-le et épinglez-le au mur près de votre pupitre de négociation, car plus vous le verrez, plus vous serez obligé de suivre le plan. Lors de l'élaboration de vos plans, en particulier de vos objectifs, rendez-les réalistes en fonction de vos capacités. Puisque j'ai fixé mon objectif à 100 $ par jour ou que quelqu'un d'autre a fixé l'objectif à 500 $ par jour, cela ne doit pas vous affecter. Soyez toujours réaliste.

Si pour commencer, vous gagnez 20 $ par jour, croyez-moi, c'est un bon début. Pour un petit capital de 100 $ à 200 $, vous pouvez fixer votre objectif à 20 $ à 40 $ par jour. Dans une semaine 100 $ à 200 $. L'objectif principal du Forex à ce stade précoce est de prendre en charge vos dépenses normales, ce qui vous empêche de compter uniquement sur le salaire. Si vous pouvez atteindre l'objectif de 100 $ en une semaine, 400 $ en un mois. Ensuite, à mesure que vous développez votre trading Forex, vous pouvez désormais augmenter votre capital, augmentant ainsi votre objectif quotidien. Le temps viendra où vous ne dépendrez plus de votre salaire pour quoi que ce soit. Commencez donc toujours étape par étape. Avec le temps vous y parviendrez.

 De plus, il est important de toujours revoir vos plans. Si vous voyez le deuxième point du plan, revoyez le plan chaque semaine, par exemple à la fin de l'échange hebdomadaire. Vérifiez votre historique de transactions pendant une semaine. Avez-vous atteint de ce plan? Où en êtes-vous actuellement et quelle part de votre cible reste-t-il ? Cela affectera votre trading pour la semaine suivante. Si vous avez quelques $ enderrière votre objectif et vous n'analysez que deux paires de devises la semaine dernière. Vous pouvez ajouter une paire de devises cette semaine pour en faire trois et maximiser vos profits.

Autre aspect important de ce plan, une fois que vous avez atteint votre objectif de la journée, fermez toujours votre ordinateur portable/PC et partez. Le flux de trésorerie se poursuivra demain. Le marché du Forex existe depuis des décennies, il ne fermera donc pas du jour au lendemain. Alors gardez les épaules hautes lorsque vous atteignez votre cible. Peut-être que vous vous êtes fixé un objectif de 100 $ par jour et que vous avez gagné 99,2 $. Ensuite, certains de vos collègues du Forex vous disent que Donald Trump vient d'attirer l'attention sur l'accord avec l'Iran, vous devriez donc acheter du pétrole Brent et vous précipitez immédiatement sur le marché au lieu d'attendre le jour de négociation suivant comme si le marché ne continuerait pas demain. Vous devez donc éliminer le facteur de cupidité lors de la formulation ou de la tentative de respect de votre plan de trading. En déplaçant le marché lentement et régulièrement, vous serez toujours à l'aise avec le Forex.

Erreurs courantes commises par les commerçants

Un autre principe important dans la vie est d'apprendre des erreurs des autres. N'attendez pas d'apprendre de vos propres erreurs. Les choses qui vous ont manqué dans cette section vous diront ce que les gens ont fait qui n'ont pas obtenu de résultats positifs, vous devrez donc modifier vos propres actions. Ensuite, je mettrai en évidence certaines erreurs afin que vous en fassiez attention.

PAS DE PLAN COMMERCIAL

La première erreur est l'absence d'un plan commercial, comme je l'ai souligné ci-dessus.

DÉMO TROP LONGUE

Même si c'est le bon moment pour faire une démo, n'en parlez pas trop longtemps dans un monde imaginaire. Entrez dans les réalités du marché, tradez et analysez avec vos limites émotionnelles, ce qui vous fera plus forte. Parler dans un monde imaginaire vous calmera et vous n'étudierez pas car vous vous direz toujours "c'est du papier-monnaie".

NE PAS UTILISER STOP LOSS

Rappelez-vous toujours de le placer dans tous vos métiers. La technologie est là pour protéger votre compte. Peu importe à quel point vous pouvez analyser le marché, vous ne pouvez pas savoir quand les gros titres sont publiés et cela changera la direction du marché. (C'est pourquoi il est toujours bon de vérifier le calendrier économique avant de commencer chaque semaine). Mais en fixant un Stop-Loss, peu importe si les nouvelles sont contre votre direction, vous serez protégé.

OUVRIR DE NOMBREUX COMMERCES

Vous verrez quelqu'un ouvrir GBPUSD, EURUSD, USDJPY, USDCHF, AUDUSD, AUDCAD et autres. Seulement une personne! Dites-moi, comment pouvez-vous surveiller tous les échanges ? Tout devient cupidité parce que vous voulez prendre chaque pip du marché. N'ouvrez jamais plusieurs trades que vous ne pouvez pas surveiller. Cela a tendance à vous distraire et à diviser votre concentration.

ANTICIPER COMMENT LES NOUVELLES PEUVENT AFFECTER LES MARCHÉS

Avant les événements majeurs comme Nonfarm Pay, les analystes du Forex publient généralement des prévisions. Ces prédictions ont tendance à se présenter sous la forme de chiffres. Lorsque de nombreux analystes Forex partagent la même valeur, cela passe par la majorité des analystes Forex appelés consensus. Ce consensus est publié sur diverses plateformes d'information avant la publication du titre à 8 h 30 HNE (par exemple, 12 h 30 GMT). Ce n'est qu'une prédiction, pas une valeur réelle. La plupart des commerçants vont maintenant se présenter et commencer à prendre des décisions commerciales avec ces prévisions, car ils veulent commencer tout de suite et faire de gros profits. C'est la plus grosse erreur commise. Attendez que les gros titres soient publiés avant de déplacer la tendance créée par l'actualité. Alors il n'y a pas besoin de se précipiter, même si ce n'est que 40 pips que vous pouvez attraper, ce n'est rien en comparaison essayez tôt et attrapez les 100 pips. Il est toujours bon d'être patient avec le marché.

NE SOYEZ PAS AVIDE

Enfin et surtout, respectez toujours la sympathie de la taille sur votre compte. Ne soyez jamais gourmand. Le marché sera toujours là. Même si c'est 0,1 avec lequel vous commencez. C'est toujours bon. Si vous gagnez 50 $ par jour et que vous n'atteignez pas 100 $ par jour. Cela reste raisonnable. 50 $ par jour, c'est 250 $ par semaine. Pas mal pour un débutant. Au fil du temps, votre progression sera de 70 $ à 80 $ à 100 $, etc.

Ce sont quelques-unes des erreurs courantes commises par les traders. Il est toujours important d'en prendre note et d'essayer autant que possible de les éviter tout au long du parcours Forex.

Chapitre sept

Conclusion

LE SUCCÈS DANS LE TRADING est un facteur dans votre stratégie, votre capacité à bien gérer l'argent et la plateforme de trading que vous utilisez. Un courtier bon et digne de confiance qui ne vous trompera pas augmentera votre succès commercial. Trouver un bon courtier n'est pas difficile. Effectuez une recherche en ligne via Google ou visitez forexpeacearmy.com dans les avis sur les courtiers, vous pouvez lire les expériences des commerçants avec les courtiers. Cela vous aidera à prendre votre décision.

Profitez également des courtiers qui ont un excellent service client. Les relations de service client font partie intégrante de toute entreprise. Si vous écrivez à un courtier et que vous passez 3 à 4 jours avant d'obtenir une réponse ou qu'il ne vous répond même pas du tout, évitez ces courtiers.

La prochaine chose que vous voyez est leur service. Que proposent-ils ? Quels instruments ou devises pouvez-vous trader sur leur plateforme ?

Sur la base de mon expérience, j'utilise Hot Forex car ils correspondent vraiment aux exigencesque j'ai esquissé plus haut. Vous pouvez échanger des paires de devises ou vous pouvez échanger des CFD contre des matières premières, des actions, des indices, des énergies, des métaux et des crypto-monnaies.

Les informations ci-dessous vous donneront un aperçu des services et des opérations de HotForex.

- Formé en République de Maurice en 2010 par des professionnels de l'industrie

- Réglementé par la CySEC à Chypre et agréé par la FSCA en Afrique du Nord. Également réglementé par la FCA, la DFSA et la FSA.

- Échangez des paires Forex, des métaux, des énergies ou des CFD contre des actions, des matières premières et des indices sur plus de 140 options d'actifs sur 20 marchés.

- Formats de plate-forme de trading MT4, combinés à des versions Web personnalisées pour un accès via n'importe quel système d'exploitation ;

- Plusieurs comptes avec des bénéfices accrus : Micro, Premium, VIP, Fix, Auto, HFCopy ;

- Comptes spécialisés : comptes « No-Swap Islamic », comptes Zero pour fournir des spreads proches de zéro aux scalpers et aux traders automatisés qui ont besoin de spreads proches de zéro ; Comptes PAMM (disponibles uniquement pour les clients de HF Markets (SV) Ltd).

- Aucun client américain actuellement accepté ;

- Plusieurs méthodes de dépôt prises en charge ; Acceptez toutes les principales cartes de débit et de crédit, les virements bancaires par télégramme et des services supplémentaires tels que Skrill, Neteller, FasaPay, Sofort, mybitwallet, iDeal et Webmoney.

- Le site Web est en 27 langues, dont la plupart sont prises en charge par des représentants du service client expérimentés qui parlent des dizaines ou plusieurs langues et peuvent être joints "24X5" par téléphone, e-mail, chat en direct ou même Skype.

Veuillez contacter Hotforex.com pour plus d'informations et vous pourrez ouvrir un compte instantanément.

C'est le bon choix pour le trading. Je le recommande fortement.

Enfin, aucun système n'est parfait. Seul Dieu est parfait à cent pour cent. Pour développer la confiance dans cette stratégie de trading et voir les choses c'est fiable, retournez à l'historique de votre carte.

Vous pouvez définir un rapport entre le nombre de fois où cela a fonctionné et le nombre de fois où cela a échoué. Cela renforcera votre confiance dans ce système, et vous pourrez échanger à l'aveuglette avec lui à tout moment de la journée.

Une bonne gestion de l'argent est également une clé essentielle pour vous aider dans cette entreprise. Ne risquez pas de miser tout votre capital durement gagné sur une seule transaction. En règle générale, il est préférable de négocier autant que vous pouvez vous permettre de perdre par transaction. Certains commerçants peuvent risquer 2 % de votre capital, bien que cela semble raisonnable ; cela ne s'applique pas à tout le monde car le modal est différent. Un trader qui a un capital de 10 000$, s'il prend un risque de 2% ce sera 200$. Une personne qui a 100 000 $ a un risque de 2 % que ce soit 2 000

$. Maintenant, la question est de savoir si le trader B sera prêt à perdre 2 000 $ sur une transaction ? Il ne pouvait probablement pas se permettre de risquer autant. Le meilleur conseil est donc que chaque trader risque un montant qu'il peut se permettre de perdre à chaque transaction qu'il prend.

Je crois fermement que ces stratégies sont très simples à comprendre, puissantes et efficaces. La seule chose qui vous empêche de profiter de ce système est la PEUR ! Cependant, je crois fermement que cela fonctionne sur tous les types de marchés, et la meilleure chose que vous puissiez échanger avec lui à tout moment qui convient à votre personnalité.

Je vous souhaite le meilleur dans votre carrière commerciale.

Edmonix Stephano

****

Merci pour la lecture! Si vous avez aimé ce livre ou si vous l'avez trouvé utile, je vous serais très reconnaissant de bien vouloir soumettre une brève critique du site sur lequel vous avez acheté cet livre . Votre soutien signifiera beaucoup et je lis personnellement toutes les critiques, donc je reçoisvos commentaires et rendre ce livre encore meilleur.

www.ingramcontent.com/pod-product-compliance
Lightning Source LLC
Chambersburg PA
CBHW071407210526
45465CB00001B/291